"兴辽英才计划"文化名家暨"四个一批"青年英才（XLYC2410032）

曲小瑜/著

中国情境下
企业朴素式创新实现机理、
扩散路径及政策研究

Research on the Realization Mechanism,
Diffusion Path and Related Policies of
Enterprises' Frugal Innovation in China

中国财经出版传媒集团
经济科学出版社
Economic Science Press
·北京·

图书在版编目（CIP）数据

中国情境下企业朴素式创新实现机理、扩散路径及政策研究／曲小瑜著 . -- 北京：经济科学出版社，2025. 6. -- ISBN 978 - 7 - 5218 - 6854 - 8

Ⅰ. F279. 23

中国国家版本馆 CIP 数据核字第 2025UE2184 号

责任编辑：杜　鹏　张立莉　武献杰
责任校对：蒋子明
责任印制：邱　天

中国情境下企业朴素式创新实现机理、扩散路径及政策研究
ZHONGGUO QINGJINGXIA QIYE PUSUSHI CHUANGXIN SHIXIAN JILI,
KUOSAN LUJING JI ZHENGCE YANJIU

曲小瑜／著

经济科学出版社出版、发行　新华书店经销
社址：北京市海淀区阜成路甲 28 号　邮编：100142
编辑部电话：010 - 88191441　发行部电话：010 - 88191522
网址：www. esp. com. cn
电子邮箱：esp_bj@ 163. com
天猫网店：经济科学出版社旗舰店
网址：http：//jjkxcbs. tmall. com
固安华明印业有限公司印装
710 × 1000　16 开　10. 25 印张　170000 字
2025 年 6 月第 1 版　2025 年 6 月第 1 次印刷
ISBN 978 - 7 - 5218 - 6854 - 8　定价：88. 00 元
（图书出现印装问题，本社负责调换。电话：010 - 88191545）
（版权所有　侵权必究　打击盗版　举报热线：010 - 88191661
QQ：2242791300　营销中心电话：010 - 88191537
电子邮箱：dbts@ esp. com. cn）

前　　言

创新是引领一个企业向前发展的重要力量，也是推动整个国家进步的第一动力。自 19 世纪以来，不同的国家和民族位于不同的起跑线上，朝向工业化和现代化努力奔赴。资源型国家依靠丰富的自然资源谋求发展；依附型国家具有资源、技术匮乏的特点，大多依附于发达国家夹缝求生；创新型国家科技实力雄厚，依靠强大的创新能力，最先进入工业化时代，形成强大的竞争优势，引领世界的发展。20 世纪末，技术变革在推动经济增长方面发挥了巨大作用，企业通过增加技术研发和新产品开发投资获得了超额利润。技术推动型的创新模式需要大量的 R&D 资源，较少地关注投入与产出的转化绩效，在这一过程中，市场的作用也没有体现出来。在 20 世纪六七十年代，技术更新速度减缓，市场的需求日益旺盛，以市场需求拉动创新的模式逐渐盛行。然而进入 21 世纪以后，世界发展格局发生重大变化，新兴经济体拥有广阔的未饱和市场空间，不断上升的消费需求以及充足的 R&D 资源，使得世界的发展中心开始向新兴经济体转移。在资本流向新兴经济体的过程中，伴随着创新技术的复制与转移。传统的"高精尖"创新方式依靠大量的人力、物力等资源，然而，广大新兴市场国家面临关键资源缺乏、制度缺位、专业人才缺失等问题，因此，传统"高精尖"创新模式在由发达国家进入发展中国家的过程中会出现"水土不服",造成创新效率低下、投入与产出的转化失衡。发展中国家存在大量中低收入群体,他们被称为 BoP(Bottom of Pyramid)群体。为了满足这个巨大市场的需求,有必要改革传统的创新模式,创造出利用更少的资源、资金、时间获得更多的社会价值,产生更多质优、价廉、资源环境友好、耐用易用的产品和服务,基于此朴素式创新的概念诞生。朴素式创新的前身为"朴素式工程",起源于印度,其核心是用最少的资源为最多的人提供适合的产品和服务。减少不必要的成本和不必要的产品设计是其首要条件,朴素式创新产品的特点是廉价、紧凑、无冗余结构、成本低、操作简单,并使用高端技术。在社会效应方面,朴素式创新强调包容性和可持续性,并融合了制度创新和社会创新。朴素式创新完美地与我国的创新、协调、绿色、开放、共享的新发展理念高度融合。其一,为注重低收入群体的利益,创新应该结合经济形势,承担更多的社会责任,注重改善民生;其二,基于资源节约环境友好的目的,经济新常态下要摒弃原先粗放式发展模式,摒弃高耗能、高投资、高污染的创新模式,在这一背景下,朴素式创新所包含的包容、节俭、绿色、可持续等特点对中国的发展具有重要的现实意义。

在现有文献中,缺乏结合中国本土情境剖析企业朴素式创新实现的内在机理,较少关注朴素式创新实现后的成果扩散,鲜有支撑企业朴素式创新政策组合的提出。本书运用案例研究、问卷调查、仿真建模等方法构建企业朴素式创新实现机理理论模型,拟合企业在新兴市场中扩散路径,并提出促进企业朴素式创新相关政策组合。主要研究以下问题:(1)企业朴素式创新模式有哪些?(2)这些模式实现需要哪些动力、能力和情境要素?这些要素之间具有什么关系？如何促进朴素式创新实现？（3）朴素式创新实现后，在新兴市场中如何扩散？扩散过程中又涉及哪些关键因素？（4）从政府层面如何推动企业朴素式创新实现和扩散？以期丰富和完善朴素式创新领域研究的理论体系，为企业可持续发展、中国经济转型和缩小贫富差距提供理论和经验支持。

本书获"兴辽英才计划"文化名家暨"四个一批"青年英才项目（XLYC2410032）资助，特此感谢。

曲小瑜

2025 年 2 月

目　录

第1章

绪　　论

1.1　问题的提出

创新驱动是新常态下实现中国经济转型的主要驱动力。党的二十大报告再次强调要坚定实施创新驱动发展战略。当前中国经济进入新常态，中国的创新也呈现出独特的趋势和特点。

首先，新常态下，经济增速下行，经济结构调整在一定程度上使部分劳动者收入下降，从而使低收入人群队伍扩大，不同地区、不同群体之间差距扩大，不平衡、不协调的问题日渐突出。党的十九大报告中也指出："我国社会主要矛盾已经转化为人民日益增长的美好生活需要和不平衡不充分的发展之间的矛盾。"这个主要矛盾的变化，从深层次指出经济从重发展速度转移到重发展质量，从过去注重效率调整到强调公平，关注低收入群体的需求成为未来发展的重点。因此，经济新常态下，创新应更具正向性，承担更多社会责任，注重低收入人群的民生改善，推进平衡发展以缩小不同群体之间的差距。

其次，随着实施"乡村振兴战略"的提出，经济新常态下将在新型城镇化建设的基础上进一步提升农村生活质量。二级、三级中小型城市和部分乡镇将成为城镇化和乡村振兴战略的主角，这些区域对于创新产品和创新服务的需求更大。在此情境下，应探索着眼于新兴市场的创新方式，利用新兴市场本土资源进行创新。

最后，从资源节约的角度来看，经济新常态下要摒弃高耗能、高投资以及高污染的创新行为，在低耗能、低投资和低污染的情况下以有限的资源创造更多的经济价值、生态价值和社会价值，已经成为企业创新的一个普遍趋势。

在这样的经济背景和创新趋势下，具有节俭、包容、资源使用最小化、绿色环保、可持续性等特点的朴素式创新范式能够创造更多的经济、社会和生态价值，对于当前中国企业创新具有重要的启示作用。而且国际上一些企业已率先开展了朴素式创新实践并取得成功。那么，在中国本土情境下，企业朴素式创新模式有哪些？这些模式的实现需要哪些动力要素？需要构建什么样的能力体系？所处的情境对其产生何种效应？朴素式创新实现之后，在新兴市场中是如何扩散的？在扩散过程中又涉及哪些关键因素？从政府层面如何推动企业朴素式创新实现和扩散？从理论和实证上对这些基本问题进行探索性和验证性的解答，成为本书进行研究设计的逻辑主线。

1.2　研究意义

（1）从理论研究价值来看，拓展和丰富朴素式创新理论的研究范畴。一是从关注朴素式外部过程到关注内在机理。现有研究主要将朴素式创新作为一个整体置于供应链、价值链的整体过程中进行研究，着重于朴素式创新产生的外部驱动要素识别及其效应分析，但对朴素式创新如何实现的内在机理研究鲜见。本书以传统制造业中的典型企业的朴素式创新过程的案例研究为重点，尝试构建朴素式创新如何实现的理论模型。二是从关注朴素式创新结果到关注朴素式创新扩散路径。朴素式创新面向新兴市场，多数朴素式创新实现之后，往往因为无法在市场上实现大规模扩散而宣告失败，因此，要更多关注创新实现之后的扩散过程。本书通过多案例研究揭示企业朴素式创新在新兴市场中的扩散特征和核心要素，仿真模拟朴素式创新的扩散路径。三是从仅关注企业微观行为到促进微观行为的宏观政策设计。将对微观企业主体的研究，扩展到支撑政策上来，有利于促进微观行为研究和宏观政策研究的融合。本书从动态和系统发展的角度，尝试设计企业朴素式创新的宏观政策框架。

（2）从实际应用价值来看，主要包括以下方面。一是企业可持续发展的需要。传统创新带来的资源高消耗和功能过度丰富化会使得众多企业不堪重负，但效率高、以更加低廉的成本生产制造出高质量产品、且更加适合中国情境的朴素式创新却可能使企业在众多约束下创造更多价值和赢得集中优势。探索企业朴素式创新是如何实现的，以及如何扩散有助于企业分配资源、培育能力、适应环境、实现可持续发展。二是为政府制定宏观政策和企业的创新管理提供建议及指导。切合中国自身特定的情境，在宏观层面为处于传统制造业中的企业朴素式创新政策制定提供理论上的指导与经验上的借鉴；基于企业层面为其成长提供具体的行动指南，并且帮助相关企业的管理者准确地认知自身状况以及成长潜力，为企业制定适宜的创新发展战略并有效实施提供切实的指导。三是中国经济转型和缩小贫富差距的需要。实体经济是国民经济的主体，企业是实体经济的根基，尤其是传统制造业中的小微企业，它们的创造革新，是推进供给侧结构性改革和经济转型升级的必然选择。另外，对于刺激低收入群体消费需求，提高低收入群体福利水平，突破中国"中等收入陷阱"的挑战具有重大实践意义。

1.3　研究内容与方法

1.3.1　研究内容

通过了解本土环境情况、需要、愿景、精神、文化偏好、基础设施与体制缺陷来掌握潜在消费者的社会背景，对朴素式创新来说至关重要，因此，朴素式创新需要与本土情境紧密结合。基于此，本书以中国本土情境为背景，对"企业朴素式创新"展开研究，主要研究内容包括：企业朴素式创新模式分析、企业朴素式创新模式实现机理剖析、企业朴素式创新扩散路径研究、企业朴素式创新相关政策研究。本书研究内容的关系如图 1-1 所示。首先，要了解我国企业朴素式创新的基本概念、企业朴素式创新实践的主要模式，即理论"基"。任何创新的实现都需要相应的要素支撑，企业朴素式创新实现的影响因素是触发"源"，即触发创新实现的本源。当创新有了触发"源"之后，还需通过作用"流"的方式推动其实现，即朴素式创新的实现机理，揭示各个因素对朴素式创新的作用方式及相互之间的关系。朴素式创新实现之后，判断其是否成功，还要根据新兴市场的接受程度，即朴素式创新扩散。因此，从某种意义上讲，作为朴素式创新实现的后续过程，朴素式创新在新兴市场中扩散比朴素式创新实现显得更为重要。扩散"场"可以理解为企业朴素式创新从一个被定义的零能量（静态）转化为现状的功的总和（动态）的能量"场"。最后，根据研究结果，建立能够促进企业朴素式创新实现和扩散的政策框架。

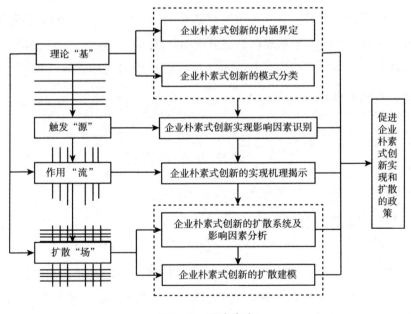

图 1-1 研究内容

1.3.2　研究方法

1. 文献分析法

本书对国内外现有关于朴素式创新、创新扩散的研究成果展开系统的梳理和研究。首先，基于朴素式创新的相关研究总结现有研究进展和结论，并且以现有研究作为基础提出进一步要研究的问题，目的是明确本书的研究方向以及开展此项研究所得到的理论价值。其次，以每个章节需要研究的主题作为指导基础，对现有研究进行比较系统的分析总结。

2. 案例研究法

案例研究作为管理学研究的基本方法之一，尤其适用于描述性和探索性研究，用于回答"what"和"how"的研究问题。该方法通过翔实描述研究对象，基于现有理论同时使用多方面资料来调查与探求现实中复杂现象的本质规律，真实反映研究对象的实际情况，给研究者带来全面的观点和系统的理解，比较适宜在新研究领域之中建构新理论研究框架。本书的目的在于描述影响企业朴素式创新实现的要素有哪些（what），这些要素如何影响朴素式创新（how），企业朴素式创新实现之后是如何在新兴市场中扩散的（how）。同时，朴素式创新作为一种新型的创新模式，实业界处在摸索阶段，该领域的学术研究处于初级阶段，研究过程具有探索性和不确定性，因此，案例研究方法比较适合本书的研究情境。在具体数据处理方法上，本书选择扎根理论和话语分析两种案例研究方法展开研究。

3. 演化博弈法

不同于完全理性和完美信息基础上的静态博弈，本书从有限理性、不完美信息视角出发，构建基于政府、企业、BoP消费群体三方的演化博弈模型，通过对博弈模型的分析求解，找到演化博弈均衡点，分析参与主体的演化稳定策略及创新扩散的稳定状态，为进一步制订多方均可接受的补偿方案奠定基础。

4. 仿真模拟法

通过给参数赋值，使用虚拟的方式对事件进行模拟。根据本书所列模型及其理论结果，为了直观模型均衡解的相关特征，采用 MATLAB R2016b 软件，通过科学设置参数来验证相应的理论分析结果，并通过图示展示其结论，具有重要的现实意义。

1.4 创新点

1.4.1 揭示企业朴素式创新实现的内在机理

通过构建"情境力—驱动力—使能力"模型，识别朴素式创新实现的关键路径，揭示企业朴素式创新实现所需的动力要素、能力要素和情境要素，最终回答中国情境下企业在资源不足的情况下如何有效开展朴素式创新这一问题。相比大多研究聚焦于朴素式创新的外部过程（主要集中在外部驱动力方面），或者朴素式创新在整个创新系统中的地位与作用，本书尝试揭示要素如何驱动朴素式创新产生的内在机理，即朴素式创新内在的微观过程。

1.4.2 探索企业朴素式创新的扩散路径

运用演化博弈的方法，构建了企业、政府、BoP 消费者三方演化博弈模型，通过模型构建与分析，寻找影响博弈参与主体策略选择的因素和演化稳定策略，同时克服了传统博弈理论要求完全理性参与人和完美信息的局限性，且演化博弈也能很好地避免实证研究带来的（如容易受到数据、样本、典型案例、人员操作失误等）负面作用。采用生物学中用于研究种群扩散的 Lotka-Volterra 模型，研究朴素式创新在市场中扩散的过程，从市场竞争角度构建体现朴素式创新和其他创新之间的竞争关系的 Lotka-Volterra 模型，探究政府和市场主体的不同响应手段对朴素式创新扩散效果的具体影响。

1.4.3 构建企业朴素式创新实现和扩散相关政策框架

基于组态视角，研究创新政策和环境政策的政策组合对企业朴素式创新的影响。并将创新政策和环境政策细分为供给型创新政策、环境型创新政策、命令控制型创新政策和市场激励型创新政策，将上述四个政策作为前因条件，研究其不同的组态对朴素式创新可能产生的影响，设计企业朴素式创新的具体政策。相对于很多文献从微观层面关注企业朴素式创新的具体实践，本书则从更宏观的层面探讨促进朴素式创新实现和扩散的政策问题，既是对现有研究领域的拓展，也可为中国政府部门提供参考与借鉴。

第 2 章

概念界定与研究进展

2.1 核心概念界定

2.1.1 朴素式创新内涵

朴素式创新作为一种相对较新的创新模式，实际上早在 20 世纪 50 年代，舒马赫（Schumasher）所著的《小的是美好的》一书中，就已经呈现出朴素式创新的理念，认为发展中国家直接应用发达国家的技术并进行大规模生产的这种行为会抑制当地经济的可持续发展，发展中国家应该采用符合自身经济水平和资源条件的技术研发，满足当地市场需求的产品（Bhatti and Ventresc，2012）。朴素式创新模式的形成就源自这种"适用技术"理念（Bound and Thornton，2012）。我国自古就有节约、节检和朴素的美德（Krishnan and Soni；殷开达和陈劲），将朴素、节约的美德融入创新中，便有了朴素式的创新思想。2010 年，朴素式创新的概念正式出现在《经济学人》上刊载的名为《朴素式创新的魅力》的一篇文章中。该文以美国通用公司在印度开发的便携式心电图设备——Mac400 和印度塔塔公司开发的水净化器为例，指出朴素式创新是一种能够克服传统创新方式所带来的资源高消耗和功能过度丰富化等弊端，为低收入消费群体提供物美价廉、质量合格的产品，促进消费群体生活水平的改善的创新范式。这种创新范式被称为"资源节约型"创新（resource-constraint innovation）（Radjou and Prabhu，2013），是一种环境友好型创新

（Brem and Ivens，2013）。

随着朴素式创新的兴起，国内外学术界对其关注程度越来越高，通过对国内外相关文献的梳理，发现朴素式创新内涵至少应包括以下几个方面：第一，朴素式创新是针对新兴市场中的 BoP 消费者所进行的一种资源限制型创新模式（Prahalad et al.，2010；Shama et al.，2012；Bhatti et al.，2013；Hossain et al.，2016；Farooq，2017；Leliveld et al.，2018）；第二，该模式借助于对消费者需求的充分了解，通过创新商业模式、价值链、生产流程和产品设计等，降低产品及其价值链的复杂程度和成本，提供质量合格的、耐用易用的、能满足需求的产品或服务（Zeschky et al.，2011；Tiwari，2012；Radjou et al.，2013；Simula，2015；Colledani，2016）；第三，朴素式创新的优势在于同时实现降低成本和满足客户对产品质量和设计等的期望，目的是以可接受的价格提供足够好的产品与服务，寻求性价比的大幅提升（陈劲等，2014；Ray，2010）。朴素式创新的特征至少应包括以下几个方面：创新过程的可持续性与节约性（Rarndani，2012；Basu et al.，2013；Rao，2013；Radjou et al.，2015；Rosca et al.，2018）；创新结果的包容性与破坏性（Bound et al.，2012；Hossain，2013；邢小强等，2015）；创新方式的多样性与开放性（Zeschky et al.，2011；Bhatti，2012；Tiwari et al.，2012；Ouden，2012；Soni，2013；应瑛等，2015）。

为了进一步明确朴素式创新的内涵和特征，有学者将朴素式创新与 Jugaad 创新、逆向创新、拼凑创新和包容性创新进行了区分和比较（陈劲等，2014；魏延辉等，2015；张军等，2017；Weyrauch et al.，2017），根据戈文达拉扬（Govindarajan，2012）等的研究，整理情况如表 2 - 1 所示。

表 2 - 1　　　　　　　　　朴素式创新与相似创新范式的比较

术语	朴素式创新	Jugaad 创新	逆向创新	拼凑创新	包容性创新
主要观点	最少的资源为更多的人提供更好的服务	一种有独创性和机智的即兴解决方案，具有创造性的即兴创作的文化和思维模式	特指那些最初在发展中国家开发和采纳，然后又进入发达国家市场被接受的创新	一种利用现有技术整合现有资源，即组合或者新组合	以促进社会公平和增进经济福利为目的，为 BoP 群体提供实现自身发展的机会

术语	朴素式创新	Jugaad 创新	逆向创新	拼凑创新	包容性创新
研究层次	企业层次	个体/个人	企业层次	个体/个人	社会/宏观
过程特征	自下而上；基于 BoP 人群的创新与需求满足；人本核心；适当	创造性即兴；因地制宜	自下而上；基于新兴经济体的创新反哺发达市场需求	技术利用；资源重组与利用；就地取材	创新福利的社会共享
创新主体	企业	个体/个人	企业	个体/个人	国家/政府
创新导向	结果导向；过程导向；基于价值链整合与协同导向	结果导向	结果导向	过程导向	结果导向
结果特征	适合 BoP 人群消费的新产品/服务	一种即兴的解决方案	受益对象为发达市场	一种对现有、手边资源的有效组合	一种社会创新理念
共性	面向新兴市场"资源约束"下的创新；为新兴市场创造价值，关注 BoP 人群如何分享创新福利				

综上所述，很多学者都对朴素式创新的概念进行了界定，但学者们对朴素式创新概念的提出基本聚焦于以下三个基本视角：资源约束视角、创新包容性视角与创新输出品质保障视角。从这个意义上来说，朴素式创新概念在内涵界定上已经呈现出收敛趋势，进而也使得该领域研究的边界日益清晰化。由此说明，朴素式创新概念的操作化有了初步基础，为该领域内的理论发展提供了起点。

2.1.2 朴素式创新特征

1. 关注产品的设计、功能和性能优化

朴素式创新的产品并不是对西方市场现有产品的简单改造，而是一个全新的价值体系的成果（Zeschky, Widenmayer and Gassmann, 2011）。在产品设计上，朴素式创新更关注其核心功能，通过削减不必要的功能来有效降低成本，温特豪德等（Winterhalter et al., 2017）强调可以通过两种方式来实现，一是从另一个环境转移一项新的、但已建立的技术，二是将多用途的产品分拆成集

中的、单一用途的产品，通过这些方式可以得到更精简的产品，从而降低成本。此外，潘塞拉等（Pansera et al.，2016）认为，由于目标客户通常分布在偏远或是环境较为恶劣的农村地区，且不具备熟练的技能或丰富的知识，因此，产品设计应强调简单性、耐用性和易用性，并且降低产品的维护成本，可以通过降低产品的操作复杂程度，并且对用户进行培训来实现（Pansera and Sarkar，2016）。

2. 寻求支持与协作

巴蒂等（Bhatti et al.，2017）认为，朴素式创新企业能够扎根并最终扩大规模，部分原因是它们与顾问、合作伙伴和启动融资之间的关键联系。科尔西尼等（Corsini et al.，2021）认为，获得政府等权威机构的支持有利于提高企业的声誉。哈山等（Hassain et al.，2018）认为，获得政府的财政支持对于朴素式创新的启动至关重要，特别是对地方企业和中小型企业。除了寻求政府的支持，与消费者的合作也是一种重要的策略。莫利纳－马图拉诺等（Molina-Maturano et al.，2020）认为，与终端用户合作，让消费者参与到朴素式创新的过程中，并获得他们的积极反馈，有助于防止出现产品的低采用率。另外，温特豪德等（Winterhalter et al.，2017）认为，拥有先进技术的公司有必要与当地专门从事低成本生产的公司和拥有分销网络的非政府组织合作，以获取朴素式创新所需的低成本开发能力和所缺乏的网络知识。

3. 现有资源的拼凑

朴素式创新过程的另一个重要特性就是使用现有可用的资源，这种将现有资源拼凑的方法被从草根企业到跨国公司等不同类型的企业所采纳。在拼凑的过程中主要涉及以下三种形式：一是对现有产品的改造；二是对现有技术的拼凑；三是对现有基础设施的利用。贝克和南尔森（Baker and Nelson，2005）认为，将现有的资源组合应用于新的问题和机会是朴素式创新的基础过程。萨卡尔（Sarkar，2020）强调，这种拼凑性要符合当地情景，在朴素式创新的过程中要使用当地的且成本低廉的资源，并对现有产品进行本土化的组合和改造，同时将自有知识与当地知识相结合。与发达国家相比，新兴市场存在的制度缺失、基础设施薄弱、技术缺乏等限制条件不利于传统创新的发展，企业虽然可以通过投入大量的资源来克服上述问题，但会付出巨大的成本，因此，更加经济的方式是识别和挖掘新兴市场中已有的本土资源并与企业拥有的资源进行整合，形成全新的解决方案（邢小强，2014）。

2.1.3 朴素式创新成果

1. 本地嵌入式发展

朴素式创新通过给当地企业和企业家创造发展机会，为当地社会发展作出贡献，霍辛（Hossain，2021）、潘塞拉和萨卡尔（Pansera and Sarkar，2016）认为，本土企业家通过在当地建立企业，创造出大量的工作机会，促进了资源有限地区的嵌入式发展。泽斯克等（Zeschky et al.，2011）发现，许多跨国公司都在新兴市场国家部署朴素式产品的开发并授予一定程度的自主权，开发团队也几乎由本地的工程师组成，在加速子公司本土化的过程中也创造了大量的就业机会。兰格等（Lange et al.，2021）通过研究大量案例发现，通过赋权、知识转移、培训当地劳动力可以刺激当地人自主创业，自主进行项目开发，从而可以增加收入。本地嵌入式发展旨在深入扎根于目标市场，充分了解当地的环境和用户行为，生产适销对路的产品，并通过创造就业机会、适度授权员工、知识转移、技能培训、刺激当地自主创业等方式为当地发展作出贡献。

2. 可持续性

朴素式创新带来的可持续性体现在社会可持续性、资源和环境可持续性。朴素式创新关注的是传统创新忽略的金字塔底层群体，通过为其提供产品满足需求、提供就业机会来提高收入，有利于实现社会公平和正义，促进了社会的可持续性，例如，印度那拉亚那赫鲁达亚拉亚邦医院通过精益制造和规模生产产出具有成本效益的心脏保健设备，以免费或是非常低的价格向穷人提供服务（Khan and Melkas，2020）。在资源利用方面，朴素式创新的产品大多设计简单紧凑没有多余的结构，使用有限的原材料并且重复使用零部件，因此，可以减少资源的消耗；在保护环境方面，朴素式创新采用绿色技术，利用可再生能源，例如，在偏远农村地区开发和实施的太阳能光伏微电网使能源缺乏的农村地区能够获得持续的能源，既保证了农村地区的能源供应，又减少了对传统不可再生能源以及挥发性燃料运输和外部维护的使用和依赖，有利于资源与环境的可持续（Busch，2021；Sarkar and Mateus，2022）。

3. 创造新市场

朴素式创新通过向需求未被满足的 BoP 消费者提供产品和服务创造出一个新的普惠性市场，将其从人道主义帮助对象转变成消费者。通过向利基市场提供低价产品，使 BoP 消费者可以获得以前支付不起的产品。温特豪德等（Winterhalter et al.，2017）通过案例研究发现，朴素式创新还可以创造新的市场细分，例如，某医疗设备生产商了解到超声波技术以前与专业的设施和人员绑定，偏远地区的农村医生并不了解超声技术，也不会使用专业的超声机器，因此，开发出一款操作简单、即使不具备专业知识也可以使用的产品，发现了新的细分市场。

2.2　研究进展

2.2.1　朴素式创新过程相关研究

1. 朴素式创新外部过程研究

通过梳理国内外文献发现：现有关于朴素式创新外部过程主要集中在外部动力驱动等方面，并且主要采用案例和理论探索等研究方法展开研究。索尼（Soni，2013）从朴素式创新供需双方影响因素（如新兴市场中资源匮乏、制度不完善以及消费群体购买力低下等）的视角构建了一个分析框架。巴蒂（Bhatti，2012）以社会与 BoP 创新、商业/技术创新和制度创新等为基础，构建朴素式创新的理论模型。巴蒂和温特莱斯卡（Bhatti and Ventresca，2013）进一步提出朴素式创新的价值链模型，并识别了朴素式创新外部过程的构成要素，包括上下游两端的资源缺乏（资本、劳动、技术的有限供给，低支付能力个体消费者需求）、制度缺失（契约、规则、信任与法制的供给缺陷和物流与供应链的获取需求）。上述模型实质揭示的是朴素式创新外部动力机制。除此之外，还有很多研究以印度、巴西等国家朴素式创新案例为样本，得出其驱动力主要源于：（1）资源供给限制，如资本短缺、劳动不足、技术欠缺等（Zeschky，2011；Bhatti，2013；Sehgal，2010；Pansera and Sarkar，2017）；（2）制度供给限制，如法律体系不完善、商业保障和企业生产规章不健全等（Bound，2012；Khan，2012；Tiwari，2012）；（3）BoP群体消费需求特征，如个体消费者收入水平低下、总体消费市场潜力巨大等（Bhatti，2013；Radjou，2012，2013；Pansera and Sarkar，2017；Winterhalter and Zeschky，2017）；（4）新兴市场生产需求特性，如对物流供应链完善以及企业间协同创新的需求等（Ouden，2012；Winterhalter，2014；Hossain，2016）；（5）组织学习和组织知识，如外部知识来源、即兴学习、试验学习（Vera et al.，2014；应瑛和刘洋，2015）、知识管理（Bencsik，2017）。

2. 朴素式创新内部过程研究

随着研究的深入，有学者开始对朴素式创新内在过程进行研究。哈马克（Hamacher，2014）从创新价值链视角，采用扎根理论，运用多案例研究方法，识别出朴素式创新过程中知识链接、商业模式创新以及外部协同的重要角色，并将朴素式创新内在过程识别为包括"模糊前端市场识别阶段→生产研发阶段→细节处理与检测阶段→重新设计与生产阶段→市场推广阶段→模糊前端市场识别阶段"的多阶段链式模型。哈马克强调了新兴市场需求（特别是以广大BoP人群需求为主体）的核心作用，但未体现技术发展机会的作用。王伟光和侯军利（2016）基于理论层面分析在资源—市场双重约束下企业朴素式创新行为从成本创新→更优创新→逆向创新的演进过程。霍辛（Hossain，2016）通过理论分析，认为朴素式创新本质上是创新成果扩散的过程，是一个从产业间创新互动到区域间的创新协同，最后演化到国家间创新合作的动态过程。陈劲与王琨（2014）从理论层面将朴素式创新的实施过程划分为"功能模型构建→可行性分析→基础设计优化"3个核心阶段。而邢小强、周江华与仝允桓（2014）认为，通过框定约束条件、构建创新组合、优化价值网络这三个微观组织过程整体构成的一个递进往复的循环，在不断地辨识约束、确定方案与调整网络中进行学习与实践，最终使得朴素式创新得以实现。应瑛与刘洋（2015）通过对新兴经济体中两个传统制造企业的九个朴素式创新产生过程的多案例分析发现，外部知识来源和先前组织经验是朴素式创新的前导促发条件；即兴学习、试验学习与组织经验的循环和互动是促进朴素式创新产生的主要本土努力模式；组织先前经验与试验学习的链条是促进朴素式创新修正与完善的主要本土努力模式。

3. 朴素式创新过程特征研究

虽然对朴素式创新过程的研究还未形成一个统一的理论框架，但从相关文献中仍可总结出朴素式创新过程的一些特征：第一，基于现有技术的模式。根据蒂瓦里等（Tiwari et al.，2012）和卡洛格拉基斯等（Kalogerakis et al.，2010）的研究，企业在实施朴素式创新的时候会受到成本、消费者支付能力等多方面的约束，因此，企业在实施朴素式创新时并不是完全摒弃现有技术，而是更倾向于利用现有技术进行创新。第二，基于协作和开放式创新的模式。蒂瓦里等（Tiwari et al.，2012）认为，为了获取外部知识和压缩成本，不同地区不同领域中的合作伙伴的相互协作贯穿朴素式创新的整个过程。泽斯克等（2011）将朴素式创新产品认为是在新兴市场的背景下独立创造出来的产品，而不是从现有的发达市场中的产品衍生出来的产品。第三，基于本土情境的模式。泽斯克等（2011）和蒂瓦里等（2012）认为，通过了解本土环境情况、需要、愿景、精神、文化偏好、基础设施与体制缺陷来掌握潜在消费者的社会背景，对朴素式创新来说尤为重要，因此，朴素式创新需要与目标市场的本土情境紧密结合。应瑛与刘洋（2015）以组织学习为研究视角，对即兴学习、试验学习和外部知识驱动朴素式创新实现的本土努力模式与过程机制展开研究。

综上所述，针对朴素式创新外部过程的现有研究，主要以外部动力要素识别为核心，并基本达成共识，但对于这些外部驱动要素如何驱动朴素式创新产生的内在机理仍比较缺乏，并且，这些研究将朴素式创新作为一个整体（或"黑箱"）来对待，尚未深入朴素式创新实现的内在机理。少数学者从不同视角运用不同方法尝试揭示朴素式创新内在的微观过程，但尚未形成统一共识，且多从理论视角阐述和分析，缺乏实证研究。

2.2.2　朴素式创新扩散相关研究

谈及朴素式创新的扩散，需要了解另一个创新模式即逆向创新。逆向创新是朴素式创新的一种扩散形式。在传统的创新扩散模式中，新产品、新技术往往产生于发达国家并向发展中国家扩散，但是逆向创新反其道而行，源于新兴市场的产品在当地获得成功以后以"涓涓细流"的方式逐渐向发达国家市场传播，其本质在于：（1）起源于受资源限制的新兴市场；（2）创新成果从新兴市场到发达市场的反向扩散。通用电气为印度市场发明的一种便携式心电图设备，具有体积小、易携带、功能简单、易于操作、成本低却拥有先进技术的特点，在当地取得重大成功后又将其推广到发达市场，是一次成功的逆向创新。霍辛等（2016）确定了节俭创新的四种主要传播模式，这些扩散模式为局部扩散、邻近扩散、距离扩散和全局扩散。邻近扩散和距离扩散都主要发生在社会经济背景非常相似的国家。在极少数情况下，节俭的创新可以在全球扩散并进入发达市场，即逆向创新。然而，阿什法克等（Ashfaq et al.，2018）通过案例研究发现，从朴素式创新飞跃到逆向创新并不简单，过程中充满挑战，与本土公司相比，西方跨国公司在将其创新扩展到反向和远距离扩散方面相对成功，当地企业和西方跨国公司之间需要结盟和合作，才能实现从朴素式创新到逆向创新的巨大飞跃。张（Zhang，2018）用中国和美国两个国家进行对比，研究朴素式通信技术在发达国家和发展中国家的不同扩散模式，研究发现，由于发展中国家人民的购买力远低于发达国家，因此，在发展中国家，朴素式通信技术的传播速度远快于高端通信技术，朴素式通信技术迅速传播大大缩小了其与发达国家之间的数字鸿沟。甘登贝格尔等（Gandenberger et al.，2020）对朴素式创新和可持续创新的概念进行探讨，指出两者之间具有高度的相似性，并发现朴素式创新在绿色技术的全球传播中发挥了重要作用，特别是在向资源有限的目的地传播技术时，源于资源受限环境中的朴素式创新将会更有优势。另外，甘登贝格尔等（2020）还指出，中低收入国家对具有较高收入弹性的绿色技术产品支付意愿较低，为了增加消费需求，因此，要简化产品功能，此时，朴素式创新的优势才得以体现。

2.2.3　朴素式创新政策相关研究

1. 创新政策与企业创新

学者们对创新政策与企业创新之间的关系进行了较多深入的研究，主要集中在政府补贴和税收优惠这两方面，但学者们对其作用的研究并没有达成共识。相关研究成果可分为促进作用和抑制作用两个方面。

有研究认为，对于企业的研发创新，政府补贴和税收优惠能够起到一定的促进作用。得到政府给予的补贴后，企业更容易与大学或科研院所开展科研合作以得到技术上的帮助，更好地进行创新行为（Feldman and Kelley，2006）。政府补贴还能够在一定程度上缓解企业资金短缺的问题，鼓励企业增加对于创新研发投入的力度，企业的创新效率随之得以提升（白俊红和李婧，2011；Guo et al.，2018）。同时政府补贴能促进企业对于创新活动的积极性和参与度（Bruhn and McKenzie，2017；张莉芳，2018；颜晓畅，2019），使企业的专利产出（孙慧和王慧，2017；Bronzini and Piselli，2016；陈红等，2018；Buchmann and Kaiser，2018）和新产品销售量有所提升（景曼诗和尹夏楠，2018；郑婷婷，2020），进一步提高企业的创新水平，增强企业的盈利能力。也有研究深入了从不同区域及视角的样本对政府补贴的激励作用，如比约恩等（Bjorn et al.，2012）、布鲁诺·舍尔茨等（Brautzsch et al.，2015）以德国企业的相关数据为研究样本，研究表明，政府补贴对企业研发创新有促进作用。高雨辰等（2018）基于江苏省高新技术企业，研究认为，政府补贴能激励企业进行研发产出活动。杨亭亭等（2018）以上市公司相关数据为研究样本，结果表明，政府补贴能提升上市公司的专利数量和质量。张永安等（2020）基于生物医药企业的数据进行研究，认为政府补贴对企业的融资限制有一定的改善的同时，对企业的创新绩效也有提升作用。税收优惠使企业的税负有所缓解，使企业加大对研发方面的投入（Kobayashi，2014；王欢芳和李密，2018；韩仁月和马海涛，2019；黄惠丹和吴松彬，2019；刘小元和林嵩，2013），促进企业进行创新行为（石绍宾等，2017；Zawalinska et al.，2018；Kasahara et al.，2014），对于企业的专利申请数量有促进作用（黎文靖和郑曼妮，2016），进一步增强企业的创新能力。同时，税收优惠能够促进企业产出更多的新产品（Czarnitzki，2011；周江华等，2017；马文聪等，2019），提升企业收益并激励企业继续加大研发产出的资金投入力度，形成良性循环。对于税收优惠的促进作用，不同的学者运用了不同的研究方法，如江静（2011）运用面板回归模型的方法进行研究，发现税收优惠对港澳台地区在研发强度方面的投资有促进作用。张同斌和高铁梅（2012）基于 CEG 模型研究，结果表明，税收优惠对高新技术产业的产出有促进其增长的作用。李维安等（2016）构建固定效应模型，发现税收优惠在对民营企业的创新投入有一定的促进作用。德谢兹莱普雷特等（Dechezleprêtre et al.，2016）运用 RD 方法进行研究，结果表明，税收优惠有利于企业的研发创新，也能使企业的专利申请量有所增加。克雷斯皮等（Crespi et al.，2016）基于动态面板模型，以阿根廷的相关数据为研究样本，认为税收优惠有助于增加企业的创新产出。卡迪尔等（Cadil et al.，2016）基于双差分模型，以捷克相关数据为研究样本，研究表明，税收优惠对增加企业在研发方面的支出有促进作用。白旭云等（2019）以高新技术企业为研究样本，认为政府的税收优惠对企业的高质量创新产出有一定的促进作用。周云蕾等（2021）用多时点双重差分模型和倾向得分匹配方法实证分析 2005～2016 年深沪 A 股的上市企业的减税降费政策对企业创新的影响，认为减税降费政策对企业创新水平有显著提升作用。

也有研究对创新政策产生的促进作用提出反对意见，认为政府补贴和税收优惠会阻碍企业的创新活动。如莱为和特莱克奇（Levy and Terleckyj，1983）认为，政府补助对于企业研发创新活动具有溢出效应。安同良等（2009）认为，政府补贴会使初始创新投入低的企业产生反向的激励作用，进而使企业的创新产出有所减少。卡托泽拉（Catozzella，2011）以意大利相关数据为研究样本，运用二元模型作实证研究，认为政府补贴越多，企业研发效率越低。郑绪涛和柳剑平（2011）认为，税收优惠对于企业的创新投入具有挤出效应。劳克什和莫南（Lokshin and Mohnen，2012）以荷兰企业为研究样本也得到了一致的结论。储德银等（2017）以上市公司的面板数据为研究样本，研究认为，税收政策会阻碍新兴市场企业的研发创新活动，抑制其创新产出数量和质量。杨国超等（2017）研究上市公司的相关数据，认为税收优惠不仅不会对企业的创新产出有促进作用，反而对其研发产出有一定的抑制效果。

2. 环境政策与企业创新

一方面，世界各国都面临着相对严格的环境法规；另一方面，各国需要丰富人民的生活水平，这需要推动经济增长来实现，这就要求对生态环境的保护和生产效率与企业竞争能力的提升同样重要。技术创新对于同时做到环境保护和经济发展是关键因素，于是更多关于环境规制对企业创新行为影响的相关研究逐渐丰富和完善。然而，到目前为止，学者们对这个主题的研究还没有得出一个统一的结果。传统理论认为，环境规制对企业创新行为的影响是负面的。环保监管政策实施后，公司使用的部分资源将受到挤压，或公司生产经营方式被迫改变，导致公司生产经营成本增加，从而降低公司技术创新投入，不利于提高企业竞争力。

瓦格纳（Wagner，2007）研究了环境创新、环境管理与专利申请之间的关系，认为环境管理体系的实施程度的增加，反而降低了企业一般专利活动水平。内勒和曼德森（Kneller and Manderson，2012）以英国制造业企业的相关数据为研究样本，研究表明，环境规制会加大企业对生态环境的研发支出和环境资本的投入，使得企业对其他创新研发投入产生"挤出效应"，会在一定程度上阻碍企业创新水平的提高。风等（Feng et al.，2017）基于碳排放交易试点政策，研究认为，此政策的实施会使企业的总体水平显著下降。王文普和印梅（2015）实证研究结合理论实际，认为随着环境规制程度与企业技术创新投入呈负相关关系，且抑制作用在技术专业少的企业上的影响更加突出。邱成和冯俊文（2017）研究工业三废和三废治理投入与创新绩效的关系，研究认为，环境规制的强度对开发区创新绩效有阻碍效果。

波特（Porter，1991；1995）质疑了环境监管的抑制效应，"波特假说"由此诞生。认为合理的环境规制可以提升企业的创新能力，增加企业的盈利收入，部分甚至完全抵消由环境规制产生的成本，提高企业竞争力。许多学者后来的研究也证实了这一假设。杨等（Yang et al.，2012）利用1997～2003年的产业面板数据，探讨了严格的环境法规是否会导致台湾地区研发的增加，并进一步提高生产率水平。结果表明，环境规制与研发支出之间存在正相关关系，表现为污染控制成本的相关关系，即有利于促进企业的创新行为。切切里和克罗克（Cecere and Corrocher，2016）以欧盟国家为研究样本，探讨其环境监管对企业创新产生的影响，认为环境监管越严格，对企业创新的促进作用越有效，但两者之间的正效应并不是线性相关的。辛格等（Singh et al.，2017）比较了日本和欧盟的环境规制与技术创新之间的关系，认为总体而言，与欧盟国家相比，日本的环境规制对企业创新的促进作用更为有效。同时，国内学者也研究了"波特假说"的合理性，认为"波特假说"在我国也适用。王国印和王动（2010）分析了我国东部地区的发展，认为环境监管力度对企业创新存在正向的激励作用，并且存在一定的因果关系。这一结论对促进我国区域经济发展具有重要意义，对我国经济的健康发展具有参考价值。有学者还利用问卷调查收集的数据研究了我国制造业的创新行为，认为环境规制对企业创新具有明显的正效应，环境规制强度越大，越能激励企业增加创新投资（蒋为，2015）。熊航等（2020）以工业企业为研究样本，探讨市场激励型环境政策和命令控制型环境政策与其技术创新的关系，研究认为，这两种环境规制工具在不同程度上促进了企业的技术创新。张东敏等（2021）基于我国30个省份2013～2017年的相关数据，将异质性环境政策分为两类：命令控制型环境政策和市场激励型环境政策，认为在促进企业创新方面，命令控制型环境政策比市场激励型环境政策更有效。一些学者构建了演化博弈模型分析其影响机制，分析了不同的环境政策工具对企业创新行为产生的影响，发现不同的环境政策工具对企业的影响表现为：单靠工具实施的效果并不好，但多种政策工具的组合对企业创新有积极的促进作用（孟凡生和韩冰，2017）。

此外，一些学者也有不同于上述两种的意见，即环境规制与企业创新行为之间的关系存在不确定性。布鲁娜迈尔和科恩（Brunnermeier and Cohen，2003）以1983～1992年美国制造业的面板数据作为研究样本，研究其污染控制支出和监管执行变化的情况下的环境创新，认为环境创新与污染控制支出之间的关系是积极的，但更为严格的环境监管对技术创新没有起到激励作用。莱娜依等（Lanoie et al.，2008）通过不同的角度分析了环境规制对全要素生产率产生的、得出的两个相反的结论。第一个支持波特假说，即环境监管对技术创新有积极影响；第二个认为，当政府环境监管力度继续加大会降低企业的生产率，对企业创新能力的提高起到抑制作用。挪埃里（Noailly，2012）基于欧洲国家 1989～2004 年的相关数据，技术创新用专利数量来表示，研究了能源税、政府特定的能源研发投资和能源标准对其的影响，认为能源税对专利活动的影响不显著，能源标准和研发支出对专利活动的影响较小。刘伟和薛景（2015）通过对我国产业数据的研究发现，从区域来看，国家、东部地区和西部地区的环境规制与企业创新之间的关系呈"U"型，即环境规制强度的增大使企业的创新行为出现先下降再上升的趋势，而在中部地区则是明显线性相关的。

可以看出，环境监管与创新行为之间的关系存在区域差异，在不同的区域中，环境规制对企业创新行为的影响有所不同。同时，不同的环境政策对企业创新活动的影响也并不相同。我国东部地区基于成本和基于供给的环境规制对企业创新的影响会出现显著的抑制效应和激励效应。然而，对西部地区的影响并不显著（邱玉霞和郭景先，2017）。

2.3　研究进展综述

总体来看，国内外的相关研究可以归纳为如下特征。

（1）早期学术界主要对朴素式创新的概念和特征进行研究，虽然说法不同，但在内涵界定方面已呈现出收敛趋势，研究边界日益清晰化，但鲜有对朴素式创新具体模式进行进一步分类的研究。

（2）朴素式创新过程研究及其理论建构刚起步，大多研究聚焦于朴素式创新外部过程和外部驱动力方面。较多探讨朴素式创新在整个创新系统中的地位与作用，实际也是外部过程，而非内部过程。对朴素式创新实现的内在机理的揭示还远远不够，很少有将影响朴素式创新实现的各个方面因素整合在一起的研究，缺乏一个易于理解和被广泛认可的朴素式创新实现机理的理论框架。而且现有大多数研究是基于理论分析和案例研究，未来一个阶段的研究应将案例研究和实证分析相结合来剖析企业朴素式创新实现的内在机理。

（3）大多数学者关注朴素式创新保证创新结果和价格低廉的功能，鲜有关注朴素式创新产生之后的成果和价值分享。朴素式创新面向新兴市场，企业不仅面临价值链上游的资源约束和制度缺失，还面临价值链下游的消费群体支付能力低下。所以企业朴素式创新除了保证创新结果价格低廉外，还要更多关注朴素式创新实现之后的价值分享，并探索新兴市场中企业朴素式创新的扩散路径，这才是实现朴素式创新价值的最终标准。

（4）较多关注印度、巴西等国家的朴素式创新实践，而对中国的不同类型企业关注较少。中国经济持续转型并进入新常态，市场环境及低收入群体都具有一定特殊性，使得朴素式创新存在诸多制约因素。

（5）目前有关朴素式创新的研究主要集中于概念、内涵、特征及过程等方面。事实上，由于新兴市场环境及低收入群体自身的特殊性，使得朴素式创新存在诸多制约因素，需要政府政策的支持与促进。但目前鲜有支撑企业朴素式创新的政策体系提出，无法从整体上对朴素式创新的实现和扩散进行有效的支撑和促进。

第 3 章

企业朴素式创新模式研究

本章节的研究思路是：首先，基于模糊集定性比较分析出有关企业朴素式创新关键环节的主导因素，在此基础上，从制度－能力－认知视角，基于企业在朴素式创新中关键因素主导程度的不同，提出企业朴素式创新模式的类型。

3.1 理论基础与研究设计

3.1.1 理论基础

朴素式创新模式不同于以往"用更多创造更多"的创新模式，具有"用更少创造更多"的理念。从本质上来说，朴素式创新模式可以被看作一种商业模式的创新模式（刘宝，2017），涉及组织运营与营销中的多种活动，朴素式创新模式中的因素应至少包括制度环境、外部机会识别能力、内部整合能力、资源与结构灵活性、领导者感知与传达和高管认知等组织内外多个方面（Martins et al.，2015；Guo et al.，2016；Teece，2010）。早期学者基于制度理论视角认为，朴素式创新模式受到外部制度环境是否健全的影响，企业会为了回应外部制度环境的变化而采取朴素式创新（Bird，1988）。制度环境是企业实施朴素式创新模式的情境，企业一切朴素式创新模式都离不开其所在的制度环境

（Peng，2002）。政府支持和组织合法性作为两种重要的制度，都会对朴素式创新模式产生影响（Shu et al.，2014）。政府支持作为一种正式的制度利益，是干预企业创新活动的重要制度要素（Tiwari and Herstatt，2012）。组织合法性被看作一种非正式制度，是使企业获取朴素式创新所需资源的重要制度要素（Tian et al.，2009）。但朴素式创新并不完全由制度环境决定，企业需要具备应对复杂制度与市场环境的动态能力。泽斯克等（Zeschky et al.，2011）指出，企业必须搭建灵活的组织架构并提升组织动态能力以促进朴素式创新的实施。本书借鉴蒂斯（Teece，2007）的研究，提出朴素式创新模式形成的三种重要能力，包括机会识别能力、整合重构能力和组织柔性能力。其中，新兴市场中的机会识别能力对于朴素式创新的重要性已被学者们认可，机会识别能力通过搜索新兴市场中的技术和市场知识开发创业机会，帮助企业开辟新业务，更好地参与新兴市场竞争（张红和葛宝山，2016）；整合重构能力通过整合、协调和优化技术、产品和流程，加速企业创新模式与低收入消费者需求之间的协同，促进朴素式创新成功实施；组织柔性能力通过灵活调整组织资源、组织文化和组织结构，不断更新和完善产品和服务，满足低收入消费者需求（张伟等，2018）。除此之外，高管认知是朴素式创新决策的第一步，管理者可以依靠自身经验对是否采取朴素式创新进行预判（Martins et al.，2015）。

1. 制度环境与朴素式创新

组织合法性是指企业利益相关者将社会结构中的规范、规则、价值及定义作为标准，对企业朴素式创新正当性和合理性的评价或可接受程度（王海芳等，2020），包括实用合法性和道德合法性。实用合法性反映了企业朴素式创新满足低收入群体、公众、供应商、员工等利益相关者需求的程度；道德合法性反映了企业朴素式创新匹配绿色环保、资源节约、缩小贫富差距等社会价值和福利的程度。当外部相关者认为，企业朴素式创新是正确的、适合的，他们会为企业提供信息、知识、创意和声誉等重要资源，组织合法性可以使企业持续从不同利益相关者处获取这些资源以支持企业朴素式创新（Dacin et al.，2007）；组织合法性可以被看作企业非正式的创新收益保障机制（罗兴武等，2019），帮助企业应对和处理朴素式创新过程中可能面临的问题。

政府支持是指政府相关部门支持企业朴素式创新实施的一系列行为，包括政策、信息、知识、技术和社会资本等重要资源支持（Yang et al.，2015）。根据相关研究，政府支持对企业创新具有主导作用和正面影响，如推动企业社会创业（Stephan et al.，2015）、激发企业创新的积极性（Xu et al.，2014）。当企业实施朴素式创新时，由政府所提供的技术信息、合作平台、扶持基金等可以为企业朴素式创新提供支持，这些支持会降低企业朴素式创新的成本和不确定因素。另外，政府支持也有利于企业获得财政补贴、低息贷款和低税率等优惠政策和福利（Bagur-Femenias et al.，2013），从而使企业不必在实施朴素式创新时承担过高成本和风险。

2. 动态能力与朴素式创新

机会识别能力是指企业对新兴市场中的需求进行感知并挖掘，进而进行产品或服务创造的能力（Ardichvili et al.，2003）。对于资源稀缺、较难承担风险及市场相对局限的中小企业来说，准确掌握消费者需求显得尤为重要。企业实施朴素式创新的首要目标是满足新兴市场中低收入群体的期望和需求，而不是为了减少成本用简化当前产品或服务的方式来服务新兴市场（陈劲等，2014）。因此，企业实施朴素式创新的第一步就是要了解新兴市场中低收入群体的思维、期望、消费偏好及市场特征等创业机会。机会识别能力是企业朴素式创新过程中的先导要素，它能够帮助企业及时感知新兴市场需求和低收入消费群体偏好变化，提高企业创新产品或服务与消费者需求的契合度，从而有利于企业成本和风险降低，这些都是中小企业朴素式创新的践行条件。

重构整合能力是企业优化和组合技术、产品和流程使原有架构匹配新兴市场中低收入群体需求的能力。朴素式创新的目标群体主要是低收入消费者，目的是满足这类人群长期没有被满足的一些基本需求，专门引进或开发新技术成本较高也不实用，反而不断改造和重组现有技术，能够创造出更加价值，促进朴素式创新的实现（邢小强和葛沪飞，2015）。朴素式创新强调从市场需求出发，重构产品各部件，重构整合能力通过反思和重设产品架构，并以新的方式组合，进而形成期望的产品性能和绩效，这也符合朴素式创新的低成本逻辑。另外，重构整合能力能够帮助企业进行整合式流程设计，从而将分散资源整合在一起，降低成本的同时保证质量。因此，整合重构能力通过加强技术、产品和流程的协调、整合和重构，加速企业现有资源与新兴市场需求的协同，促进朴素式创新的成功实施。

组织柔性能力是指企业根据内外资源状况，对组织战略进行及时调整以应对外部环境变化的能力，包括结构柔性、能力柔性和文化柔性等。结构柔性意味着组织边界的模糊化，能够减少交易费用和时间，促使整个系统的成本得以优化，符合朴素式创新观念（Brem and Ivens，2013）。相比大型企业，中小企业组织结构多为非正式和分散结构，纵向管理层级较少，管理幅度较低，但恰是这种组织结构的沟通成本较低，也更加具有弹性，更容易产生朴素式创新意愿。能力柔性能够帮助企业对现有资源的用途进行识别，然后进行合理配置和优化组合，使这些有限资源在企业进行朴素式创新时发挥最大效益。另外，在企业实践朴素式创新初期，需要转变企业及员工等创新主体的价值观（李子恒和黄剑，2003）。文化柔性能够创造良好的沟通氛围，增强员工之间的交流，促使员工拥有一致的价值观和信念，一致度越高，表现出的朴素式创新欲望越强。总之，组织柔性的发挥，使企业结构、文化、资源等不断根据低收入消费群体需求调整，促使朴素式创新实现。

3. 高管认知与朴素式创新

高管认知是指企业高管对制度压力、新兴市场机会、低收入消费者认可及朴素式创新绩效等内外信息的掌握程度，它决定了企业是否实施朴素式创新。当企业感知到政府、公众、低收入消费者对企业社会责任要求时，才有可能愿意和积极进行朴素式创新。另外，企业管理者对朴素式创新效果的评价也会影响创新决策。盈利是企业战略决策的最终目标，对朴素式创新的经济效益进行预判是采取朴素式创新的先决条件（Khojastehpour and Johns，2014）。朴素式创新的经济效益源于多方面，如节约资源、绿色环保产生的直接经济效益，包容性社会形象、缩小贫富差距、改善民生获得政府支持产生的间接效益。当企业对朴素式创新的经济效益作出准确的正面评价时，企业才可能对朴素式创新进行积极实践。

3.1.2　研究设计

1. 研究方法

模糊集定性比较分析（fsQCA）是一种定性和定量相结合的方法，通过探索产生某个结果变量的必要条件、充分条件和多个条件组态，识别变量之间的多个并发因果关系（而非相关性）。对于 fsQCA 方法，4～7 个的前因变量较为合适，不应过多。本书选择 fsQCA 方法进行研究有以下两个主要原因：（1）fsQCA 方法可以研究多个条件变量的结合对结果变量的综合影响，而且可以弥补传统的统计方法，如线性回归和结构方程，很难研究四个及以上条件变量之间的相互作用，从而形成一个导致该现象发生的复杂问题。本书重点研究了供给型创新政策、环境型创新政策、命令控制型环境政策和市场激励型环境政策四个前因变量的组态对企业朴素式创新的影响，适合采用 fsQCA 方法进行研究；（2）fsQCA 方法可以揭示因果不对称性，也就是说，前因条件 A 和前因条件 B 的组态效应对结果变量是正的，但当前因条件 A 与另一个前因条件 C 结合时，对结果变量的影响可能是负的。fsQCA 方法可以帮助本书探索在何种情况下，某一前因条件会对企业朴素式创新产生积极影响，在何种情况下，其会产生抑制作用。因此，本书四个条件变量之间的组合路径对朴素式创新的影响，适用 fsQCA 方法来进行。此外，fsQCA 方法对样本数量和数据源的要求较低，对大、中、小样本的案例分析都适用。

一般来说，使用模糊集的定性比较分析方法包括以下五个步骤：第一步是确定结果变量和前因变量。研究者结合理论知识和实践经验，组织和分析所选样本案例，并确定结果变量和前因变量。第二步是必要性分析和校准变量。首先，对每一个前因变量和结果变量进行必要性分析。变量为必要条件的标准是其一致性大于 0.9，这种情况产生后，应在后续的真值表构建中将其剔除。其次，根据理论知识和案例的实际情况确定三个定性的锚定点，运行 fsQCA3.0 软件程序对变量进行校准。第三步是真值表构建。该程序列出了所有可能的由不同的前因条件构成的不同变量组合。然后我们需要设置一致性评分阈值和频数阈值筛选案例。一致性得分大于或等于临界值的前因组合被视为结果的模糊子集，并被编码为"1"，其他组合被编码为"0"，因此，得到了经简化后的真值表。第四步是运营分析。使用软件 fsQCA3.0 中的程序。为了对真值表进行标准分析，程序分析生成复杂解、简单解和中间解这三种解。简单的分析意味着，当研究者确信前因条件中包含"逻辑余项"时，该构型能否不受"逻辑余数"的影响而达到解释结果的目的，此时，可以简化条件组合，将"逻辑余项"移除构型。困难分析意味着研究者对"逻辑余项"的存在与否并不确定，并且根据现有案例数据，不能证明如果移除该条件，构型可能无法达到需要解释的结果，那么为了简化构型也移除该条件。复杂解不参与分析的运行结果，中间解是只参与简单分析的结果，简单解是上述两种分析后得到的结果。在这三个解中，最能解释结果变量和前因变量之间的关系的一般为中间解。第五步是分析实证结果。比较和分析每个组态构型的一致性和覆盖率，对条件变量和构型的充分性和必要性进行评估，找到满足目标条件组合的构型。

2. 样本与数据

本书样本选自北京、上海、辽宁、山东、浙江、江苏、广东等中小企业集群较多的地区。根据 fsQCA 的中小样本（15~20 个）数量选择原则，向 16 家企业发放 400 份问卷，最终回收 226 份问卷，问卷回收率为 56.5%，筛掉无效问卷后，获得 158 份问卷，有效回收率为 69.9%。经统计发现，样本企业和被调查者具有如下特征：样本企业经营年限集中在 5 年以上的居多，且多为民营企业（81.3%），中型企业（56.3%）和小型企业（43.7%）数量差别不大；被调查者中 74.7% 为男性，79.7% 具有本科及以上学历，31.6% 为高层管理者，68.4% 为中层管理者。

3. 变量测量与模糊集校准

本书通过和相关学者、企业管理者探讨，结合前期调查情况，适当调整现有成熟量表的题项表述，并采用 Likert5 分量表测量。朴素式创新量表参考周和乔治（Zhou and George，2001）提出的创新行为量表，结合朴素式创新的典型特征，设计 4 个题项。组织合法性量表参考达钦等（Dacin et al.，2007）的研究，设计6个题项。政府支持量表参考李等（Li et al.，2001）的研究，设计7个题项。动态能力测量借鉴蒂斯（Teece，2007）的研究，机会识别能力、整合重构能力和组织柔性能力分别设计4个题项。高管认知借鉴伦科等（Yli-Renko et al.，2001）的研究，设计6个题项。各个变量均通过计算均值加以衡量，将"1"设定为完全不隶属校准标准，将"3"设定为半隶属校准标准，将"5"设定为安全隶属校准标准，运用fsQCA3.0软件将数据校准为模糊集隶属分数。

3.2　朴素式创新模式类型

通过对6个前因条件变量进行定性比较分析，得出企业朴素式创新模式类型，结果如表3-1所示。根据表3-1，5个组态的一致性和总体一致性都超过临界值0.75。

表3-1　　　　　　　　　　　　朴素式创新模式类型

条件变量	高朴素式创新模式			非高朴素式创新模式	
	构型1	构型2	构型3	构型4	构型5
组织合法性	●		●	⊗	
政府支持	●	⊗		⊗	
机会识别能力	•	●	●		⊗
整合重构能力		•			⊗
组织柔性能力		•	●		
高管认知		●	•	⊗	⊗
覆盖度	0.543	0.376	0.619	0.439	0.325
净覆盖度	0.063	0.032	0.054	0.054	0.038
一致性	0.884	0.880	0.845	0.872	0.866
总体覆盖度	0.703			0.528	
总体一致性	0.823			0.861	

注：●代表核心条件存在；•代表辅助条件存在；⊗代表核心条件缺失；⊗代表辅助条件缺失；"空白"代表条件既可存在也可缺失。

3.2.1　被动求生型朴素式创新模式（构型1）

在组织合法性和政府支持共同核心的作用下，当企业具有机会识别能力时，会引致高朴素式创新活跃度。这类企业一般能够感知到来自低收入群体、公众、供应商、员工等利益相关者对实施朴素式创新的企业高度认可以及政府对这类企业的各种支持。在这些外部制度环境的驱使下，为了生存和发展，它们会识别市场对绿色环保、资源节约、功能简约、耐用便携、价格低廉产品的需求，明晰企业现有创新方式和市场中低收入群体需求之间的差距。此时，不管企业是否具有高整合重构能力和组织柔性，面临来自利益相关者的压力和政府导向，都会触发企业不得不通过实施朴素式创新来开发市场和不被淘汰。符合该模式的案例企业 CB。当前中国政府大力倡导大众创业、万众创新，创新创业优惠政策越来越多，而且许多上下游企业正在采用人性化的解决方案研发可支付得起的、耐用、轻量的朴素式产品，这些唤起了企业对低收入群体需求的感知，最后因制度压力被动地展开朴素式创新。

3.2.2　主动变革型朴素式创新模式（构型2）

即使缺乏政府支持，但只要高管认知程度较高，并且具有高机会识别能力、高整合重构能力与高组织柔性，会引致高朴素式创新活跃度。首先，这类企业并没有受到政府对于采取朴素式创新的支持，但当管理者通过对企业内外环境判断，认为企业应该采取朴素式创新以应对环境变化来实现经济和社会双重目标时，企业会主动反思和调整资源、能力和创新方式，从而发现企业现有创新方式和目标之间的差距。此时，具有高机会识别能力、高整合重构能力和高组织柔性的企业，能够精准了解低收入群体需求，通过架构适合的组织结构和营造和谐的朴素式创新氛围，灵活地进行资源配置，合理地进行技术重组、产品重构和流程重设等过程以降低成本和满足需求，从而促进朴素式创新的实施。符合该模式的案例企业 BYD，当初就是通过高管对市场发展的正确判断，充分挖掘低收入群体需求和识别创业机会，重组各种汽车生产制造工艺，不断解剖、优化和调整生产流程，又凭借较强的组织灵活性将朴素式创新思想融入企业中，最终研发出价格低廉、质量功能满足低收入群体需求的产品，并在其行业领域中发展越来越稳定。

3.2.3　认同应变型朴素式创新模式（构型3）

无论政府支持是否存在，当企业具有组织合法性、高机会识别能力、高组织柔性与高管认知程度时，会引致高朴素式创新活跃度。这类企业通常能够感知到利益相关者对朴素式创新企业合法性的认可，从而让企业了解到市场对朴素式产品的需求。此时，当高层管理者对组织环境具有较高的认知水平和关注度时，会使企业认同市场中的组织合法性。为了获得市场份额和竞争优势努力匹配和获得这种合法性，具有高机会识别能力的企业，会不断探索新兴市场中的消费偏好和产品缺口，一旦探寻到好的朴素式创意和机会，加上高组织柔性会将朴素式创新价值观迅速融入企业中，使企业迫不及待地开展朴素式创新。符合该模式的案例企业 GLS，成立初期非常注重管理者培训，凭借较强的机会识别能力，很快发现大部分低收入群体家庭的厨房空间较小，管理者便决定进入小家电行业，生产出一款低成本、高效的小型微波炉，迅速在市场上被认可。

3.2.4　制度—认知缺失型朴素式创新模式（构型4）

组织合法性和高管认知的缺失共同产生了核心作用，政府支持的缺失产生了辅助作用。造成这种结果的原因是，企业处于自己熟悉和擅长的经营领域内，主营业务开展较顺利，管理者并不积极地审视内外环境和关注新的创新方式，不会轻易改变创新方式。此时，如果再加上不利的制度环境，会更加降低企业朴素式创新意愿，从而阻碍朴素式创新。符合该模式的典型案例 ZM，该公司管理者并不认为朴素式产品能够被市场快速认可；相反，他们认为生产这种低廉和功能相对简单的产品会让消费者认为质量不过关，给企业造成负面影响。

3.2.5 能力—认知缺失型朴素式创新模式（构型5）

只要企业管理者缺乏对朴素式创新的认知，同时企业缺乏机会识别能力和整合重构能力，企业就不会进行朴素式创新。造成这种结果的原因是，当高层管理者不具备对环境因素及朴素式创新结果的积极认知时，企业会缺乏成功实施朴素式创新或者通过朴素式创新创造更多价值的信心，导致不愿意进行朴素式创新。如果再加上企业不具备高机会识别能力和整合重构能力，将无法精确地获取市场信息和需求，导致朴素式创新无从下手，无法通过重新整合架构原有技术、产品和流程来降低成本，从而进一步阻碍朴素式创新。符合该模式的典型案例 BZSM，该公司高管受教育程度不高，社会责任感较低，业务范围单一，感知新机会和反思重构产品的能力均较弱，目前仍在成熟市场中参与竞争，并占有稳定份额。

第4章

企业朴素式创新实现机理研究

本章节的研究思路是：运用话语分析方法，构建企业朴素式创新实现的影响因素的话语模型，运用概念格—加权群组 DEMATEL 方法，从认知的角度确定专家的权重，进而对各个影响因素的重要度进行探讨，使影响因素重要度的探讨与运用话语分析识别出的各个影响因素的对象与属性间的关系更加契合，进而构建企业朴素式创新实现机理的概念模型，揭示企业朴素式创新的实现机理。

4.1 企业朴素式创新影响因素分析的文献基础

4.1.1 环境限制

朴素式创新诞生于一个受限的环境，这种限制不仅指资源的限制，霍辛和萨卡尔（Hossain and Sarkar，2018）认为，市场、受众群体、生态环境、基础设施建设等因素都促使朴素式创新的诞生。这些受限的环境可能会阻碍传统创新模式的发展，但却为朴素式创新提供了机会。在宏观方面，鲍德和桑顿（Bound and Thornton，2012）、拉奥（Rao，2013）、蒂瓦里和赫施塔特（Tiwari and Herstatt，2012，2013）认为，人类经济发展造成环境污染和资源匮乏，既引起全球能源、金属等原材料的价格上涨，又激发了消费群体的节俭和环保的意识，且经济危机带来的负面影响使得全球消费者压缩预算、注重节俭。在微观方面，巴蒂和文特雷斯（Bhatti and Ventresca，2013）认为，产品创新的上游劳动力、技术、资本有限的供给和下游低消费能力群体催生出"朴素"，而如契约、规则、法制、物流与供应链等制度缺陷则要求"创新"。

4.1.2 新兴市场的消费特征

大多数现有的创新研究均以发达国家市场特征为情景，创新成果更多掌握在富人手里，如今新兴市场中人口基数庞大、个体购买力低下、长期难以享有创新福利的金字塔底端消费者日益引起关注。拉德杜等（Radjou et al.，2012）、赫施塔特等（Herstatt et al.，2004）认为，新兴市场存在大量需求未满足的有机消费群体，虽然个人消费水平较低，但整体消费市场具有较大潜力。随着经济的发展，新兴市场中的 BoP 群体生活水平得到改善。不断提高的消费需求和对产品与服务品质的要求，加上新兴经济体特殊的环境和文化需求，使得新兴市场中存在大量不饱和市场，BoP 群体开始追求能够同时满足需求且价格低廉的产品，这为朴素式创新发展提供了巨大的机会（Bhatti，2012；Radjou et al.，2013）。

4.1.3 市场竞争和机会

受经济危机的影响，发达国家的市场增长缓慢、停滞不前，甚至出现不同程度的萎缩与衰退，而以印度、中国等为代表的新兴市场国家却保持了经济的较快增长。普哈拉（Prahalad，2005）认为，市场机会与竞争是跨国公司在新兴市场进行朴素式创新的主要原因，传统市场的饱和使得许多跨国企业开拓新的市场，具有较大消费潜力的新兴市场自然成为跨国公司的下一个目标。而使新兴市场成为竞争焦点的是其中的 BoP 群体，他们收入低下，虽然存在大量未被满足的需求，但是市场中却缺乏与其能力相匹配的高质量产品，因此，BoP 群体很可能成为某些产品和服务的初次购买者并可能成为回头客（Sheth，

2011）。然而源于发达国家的产品或服务往往功能丰富且价格昂贵，即使被修改过的版本也不为大众接受（London and Hart，2004）。为了尽快抢占这个庞大的市场，企业必须在降低价格的同时保证消费者所需的功能和质量，这正是朴素式创新的底层逻辑。

通过对上述文献的分析，发现国内外关于朴素式创新影响因素的研究大多数只从单一视角（如环境限制）进行分析，很少有学者将朴素式创新的驱动因素整合在一起进行研究。但是他们所提出的影响因素仍能作为本书的借鉴。

4.2 企业朴素式创新影响因素识别研究设计

4.2.1 话语分析

案例研究作为管理学研究的基本方法之一，尤其适用于描述性和探索性研究，该方法通过翔实描述研究对象，真实反映研究对象的实际情况，给研究者带来全面的观点和系统的理解（孔栋等，2016；苏敬勤和刘畅，2015）。本书的目的在于描述企业朴素式创新的驱动因素是什么（What），探索这些因素的作用机理和相互关联（How）；同时，朴素式创新作为一种新型的创新模式，实业界处在摸索阶段，该领域的学术研究处于初级阶段，研究过程具有探索性和不确定性，因此，案例研究方法比较适合本书的研究情境。在具体数据处理方法上，本书选择话语分析方法这种案例研究方法对其展开研究。话语分析（discourse analysis）是一种运用话语反映企业行为、提炼根植于独特企业管理实践的原生态命题的质化研究方法（Harris，1952）。它的特点是不再局限于对以词句、语言规则等为核心的语言内部规律的研究，而是注重对如何使用话语、如何构建话语的社会意义以及如何通过话语沟通、交流、参与并达到既定目标等语言在社会情境下应用情况的研究（吕源和彭长桂，2012）。其核心技术包括话语叙事展现、话语构件关联、话语模型提炼、话语效度检验等。该方法已经在国外管理、经济等领域得到一些运用。话语分析特别适合于缺乏理论解释或现有理论解释力不足的不确定性研究（李文博，2014）。因此，本书通过话语叙事展现、话语构件关联、话语模型提炼、话语效度检验等技术把企业朴素式创新行为的基本概念、企业朴素式创新行为驱动因素理论等相关研究推向更深入的层面。

4.2.2　研究样本

由于话语分析是一种质化研究方法，对于采集的话语样本要求较高，因而提高话语样本质量就显得尤为重要。质化研究受到研究者主观偏见的影响很大，话语分析也不例外。为了确保访谈对象没有被研究者误导，需要用一些方法来检验话语样本的真实性、可靠性和代表性。首先，研究样本选取辽、京、津、粤、沪、浙、苏、陕、川、鄂 10 个东北沿海地区、华北地区、中西部地区省份的企业，保证地理分布和区域经济发展水平都具有一定的代表性。将访谈对象确定为企业创始人或者是具备 1 年以上的技术研发或创新管理经验，熟悉创新资源使用情况、研发和创新流程以及企业现有创新模式动机和行为的企业中高层管理者，这部分人能够正确理解所提出的问题，保证提供的信息真实有效。另外，在访谈过程中，尽可能对访谈对象的语言以及非语言行为、受访互动过程进行原汁原味的记录，采用访谈对象自己的语言作为分析原始材料的码号，尽可能地理解访谈对象的原意。在访谈结束后，重述或小结访谈对象的思路和表达的概念，以得到访谈对象的认可，并且在较短的时间内完成资料的整理，这些都较好地保证了话语样本描述访谈问题的准确程度。

4.2.3　研究实施

本书主要采用面对面的访谈方式、半开放式问卷调查等方式获取数据，形成多元化的话语收集途径，获得原生态的话语输出信息，以保证话语分析研究的品质。具体实施过程如下：（1）面对面的深度访谈。在正式访谈前，为访谈对象讲解朴素式创新行为的内涵、特征等相关概念。访谈内容主要以企业促进朴素式创新的举措、阻碍朴素式创新的因素及在朴素式创新过程中遇到的困难等方面为主，例如，"企业倡导和愿意朴素式创新吗？""企业倡导和愿意（或不倡导和不愿意）进行朴素式创新的原因是什么？""在什么样的环境下企业才会实施朴素式创新？"每人/次访谈时间均在 60 分钟以上，共 30 人次。（2）半开放式问卷调查。为获取大样本的话语数据，通过高校 MBA 学员、企业中高层行业会议、电子邮件的方式进行问卷调研，问卷主要以深度访谈中的开放性题目为主。共发放问卷 100 份，回收有效问卷 91 份。以上两种途径共收集话语数据 1055 条，形成话语分析的话语池。随机选取 855 条用于话语分析的理论模型建构，剩余 200 条检验话语效度。

4.3　基于话语分析的企业朴素式创新影响因素识别研究

4.3.1　语篇：话语叙事展现

表 4 - 1 列出了部分原始语句，其中，第 3 列为原始语句，第 2 列为该语句对应的初始概念，第 1 列是由第 2 列的初始概念进一步聚拢得到的初始范畴，每个初始范畴仅列了 3 个出现次数最高的初始概念。在话语分析中，语句是基于可被定义、可被观察的概念分析某一事件的表达，而概念能够通过语句中关键语词归类提炼。首先，运用语词抽取技术，对 855 条原始语句进行关键语词提炼。例如，对于语句"经我们调研，自从经济进入新常态以来，经济增速下行，新兴市场中低收入人群队伍正在扩大"，可以提炼出"经济新常态""经济下行""BoP 人数"3 个关键语词。然后，将类似语词进行归类，得到 156 个初始概念。对这些初始概念的出现次数进行统计，可以分为高频概念（＞20 次）、低频概念（≤10 次）和中频概念（介于高频和低频之间）3 类，表 4 - 1 的第 2 列中斜杠后面的数字即为初始概念的出现次数。例如，"物质文化/9"表示物质文化这一初始概念的出现次数为 9 次，

属于低频概念。最后，由 2 位编码者分别对 156 个初始概念进一步聚拢，得到企业文化、企业社会责任、新兴市场需求等 14 个初始范畴。例如，初始范畴"企业文化"主要是由初始概念"物质文化""制度文化""精神文化"3 个初始概念聚类得到。各个范畴的编码者一致性系数均高于 70%，编码总一致率为 74.10%。

表 4 - 1   原始语句叙事展现

范畴	初始概念	原始语句
企业文化	物质文化/9	公司要求每一间办公室包括高管的办公室的装修风格都是简约低调的风格 (2 - 15)
	制度文化/21	我们专门设置了朴素式创新认定与奖励制度，推动和刺激朴素创新成果的实现 (22 - 28)
	精神文化/15	公司通过建立朴素式创新组织文化、建立共有的价值观来影响员工的创新行为和创新态度 (15 - 16)
企业社会责任	节约资源/25	企业以资源利用最小化为目标实施生产、研发等活动，最终在实现成本降低的同时，还能够促进可持续发展 (8 - 25)
	环境保护/29	环境是我们大家的，我们应该采用亲环境的创新行为 (16 - 26)
	城乡差距/30	我就是来自农村的，我非常想使农村的消费者享受到更多的创新产品、服务 (20 - 34)
新兴市场需求	支付能力/33	低水平且不稳定的工资导致客户对价格非常敏感 (5 - 31)
	用户反馈/22	我们将刚设计出的一种朴素式产品分发给一些固有客户使用，反响非常好 (14 - 30)
	BoP 数量/24	经我们调研，自从经济进入新常态以来，经济增速下行，新兴市场中低收入人群队伍正在扩大 (2 - 21)
指令性规范	组织制度/27	公司制度中有明确的说明要求设计人员遵循使用有限原材料、没有多余结构的紧凑设计思路进行产品的设计 (1 - 10)
	国家法规/28	违反环境规制的标准将会受到严格的处罚，公司是时候应该考虑采用绿色环保的创新方式了 (13 - 08)
	监管部门/29	如果环境监管部门具有较强的独立性和权威性，我们必须采用这种可持续性的创新方式 (20 - 11)
激励性规范	税收补贴/19	像我们这样的小微企业积极进行节约能源、节约资源能够得到政府的补贴和税收优惠吗 (14 - 05)
	政府支持/31	中国政府大力倡导的大众创业、万众创新，从金融和科技方面对朴素式创新给予支持，激发了我们此类创新的热情 (5 - 02)
	贷款优惠/26	如果我们愿意将目标定位在 BoP 人群，能够享受更多的贷款优惠那就更好了 (9 - 16)

续表

范畴	初始概念	原始语句
模仿性规范	高管风格/17	我要求公司的3个高管都要通过示范性行为向员工积极传递朴素式创新的战略意图（10-13）
	标杆示范/18	我们企业的许多上下游企业正在采用灵活便捷的、人性化的解决方案研可支付得起的、耐用、轻量的朴素式产品，我们也将研发朴素式产品纳入计划中（18-19）
	市场竞争/19	业内企业越来越多，怎么才能凸显我们的特色呢，朴素式创新可能是我们的一个出路（14-20）
组织学习	培训活动/15	企业定期组织对朴素创新理念和创新案例的培训学习活动（25-19）
	交流共享/16	鼓励员工进行创新思想交流和信息共享，以实现朴素式创新成功的正向连环效应（23-22）
	学习型组织/7	通过建立学习型组织建立组织成员朴素创新的共同愿景，以激发他们朴素式创新的积极性和主动性（26-18）
组织管理	沟通成本/8	为了更好地促进朴素式创新，我们企业降低了纵向管理层级的设置和管理幅度，减少沟通成本（9-20）
	组织结构/9	企业高管已经决定对组织结构进行重新设计，旨在科学有效分工、优化组织结构，激发组织人员的创新行为（8-14）
	工作效率/8	由于组织内的各种信息和资源都得到了有效的协调，工作效率得到了极大的提高，今年年底有望完成第一批朴素式产品的设计（19-09）
组织资源	人力资源/35	公司目前职工总数为41人，其中研发人员仅3人，想要完成一项复杂的创新太难了（16-01）
	财力资源/39	去年的研发经费投入占公司营业收入比例仅为2.72%，资金真的很紧张，所以微小创新对我们来说是一个选择（15-19）
	社会网络/25	近几年，企业通过增强与上下游企业的信任和承诺关系，建立了长期稳定的合作创新关系，很好地降低朴素式创新的成本（5-08）
经济价值	市场份额/38	我们企业所处的是中小型城市，开发低成本、简单的产品能够满足更多用户的需求和购买力，扩大了我们的市场份额（6-05）
	制造成本/36	我们通过朴素式创新使单位产品制造成本逐年降低（21-18）
	销售收入/42	这种廉价的、简单的朴素式产品还是很受大众的青睐，其销售收入比例持续上升（14-12）
生态价值	环境损耗/19	企业在产品设计、供应链、销售、仓储等好多方面都力求节俭，用最小动力实现最大生产，减轻环境损耗（23-29）
	资源利用/22	企业通过朴素创新提高了对自然资源的综合利用率（17-28）
	能源消耗/10	这几年我们的能源消耗都有所降低，不知道是不是和我们一直在实施注重产品的基本功能、低成本制造、低成本材料和设计等一些朴素式创新行为和思想有关（24-26）

范畴	初始概念	原始语句
社会价值	生活质量/11	我们虽然追求低成本制造和简洁设计的原则去创新产品，但是从不忽视高质量，目的就是使那些低收入群体也能够买到物美价廉的产品（18－24）
	关注 BoP/13	今年，公司有计划将 BoP 客户群看作潜在客户，为这类人群专门设计和创新产品（3－17）
	持续发展/9	企业通过一些朴素创新行为降低了稀有资源的使用率，相信这也能为整个社会的可持续发展贡献绵薄之力（26－22）
内向开放创新	创意引进/25	经常扫描外部环境并引入好的朴素式创新创意（7－30）
	知识引进/29	企业已经初步建立起一个开放式的创新网络，在开发朴素式创新产品过程中将外部知识和技术源引入企业内部，通过激烈的竞争带来更便宜的产品（16－23）
	风险共享/34	我们的做法是吸引集群中的其他企业参与到我们的朴素式产品的研制中，共同进行朴素式创新，分担风险（19－32）
外向开放创新	商业价值/15	去年年底，我们将一款朴素式创新产品推向市场，几个月的时间商业价值不断攀升，极大地提升了研发人员朴素式创新的积极性与主动性（25－32）
	市场开发/16	企业通过积极参与合作企业的朴素式创新产品项目的商业化活动，以寻找商机，从而创造我们自己的产品（12－24）
	项目转让/12	其实，之前我们有一项关于朴素式创新的项目，但是由于一些原因中途终止了，我一直在试图将这个项目转让出去，希望获得收益，但更希望参与该项目的人员不要失去朴素式创新的欲望（15－28）

注：每句话末尾括号中的数字为访谈企业编号和对应企业的语句编号。

4.3.2　语系：话语构件关联

为了描述话语构件关联，通过划分初始范畴之间的凝聚子块深入挖掘 14 个初始范畴之间的故事线，以形成语系。首先，对 156 个初始概念之间的关系类型进行划分，如全同关系，即两个概念所表达的意思完全一致；交叉关系，即两个概念只有部分意思一致；种属关系，包含范围小的叫"种"，包含范围大的叫"属"；因果关系，即引起和被引起的关系；矛盾关系，即两个概念是对立的，且没有第三种情况存在，非此即彼；反对关系，即两个概念是对立的，有其他情况存在，非此不一定即彼。其次，将全同关系保留 1 个，交叉关系、种属关系、因果关系赋值 = 1，矛盾关系、反对关系赋值 = 0，划分 14 个初始范畴之间的凝聚子块，并采用 UCINET 社会网络分析软件绘制范畴聚类网络，以 "more than 3, strong" 为析出条件，最终产生 5 个凝聚子块 Block，如图 4 - 1 所示，分别是行为态度凝聚子块 Block 1 = （企业文化、企业社会责任、新兴市场需求）；主观规范凝聚子块 Block 2 = （指令性规范、激励性规范、模仿性规范）；知觉行为控制凝聚子块 Block 3 = （组织学习、组织管理、组织资源）；行为意愿凝聚子块 Block 4 = （经济价值、生态价值、社会价值）；开放式创新凝聚子块 Block 5 = （内向开放创新、外向开放创新）。

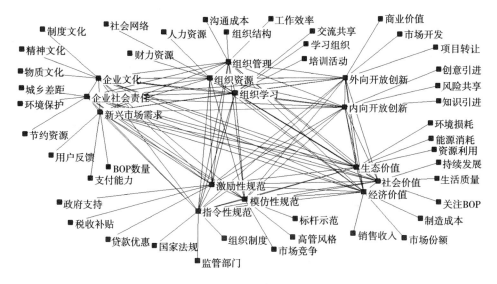

图 4 - 1　初始范畴之间的关联网络

4.3.3　语型：话语模型提炼

根据话语叙事展现和话语构件关联，提炼出主范畴之间的故事线，如图 4 - 2 所示，反映了企业朴素式创新行为的驱动机理。反映故事线的部分原始话语如表 4 - 2 所示。在 855 条原始话语中，反映 "行为态度→朴素式创新意愿" 的话语有 123 条，占比 14.39%；反映 "主观规范→朴素式创新意愿"

的话语有 120 条，占比 14.04%；反映"知觉行为控制→朴素式创新意愿"的话语有 139 条，占比 16.26%；反映"主观规范→行为态度"的话语有 88 条，占比 10.29%；反映"知觉行为控制→行为态度"的话语有 92 条，占比 10.76%；反映"朴素式创新意愿→朴素式创新行为"的话语有 161 条，占比 18.83%；反映"开放式创新对朴素式创新意愿→朴素式创新行为"的话语有 132 条，占比 15.43%。

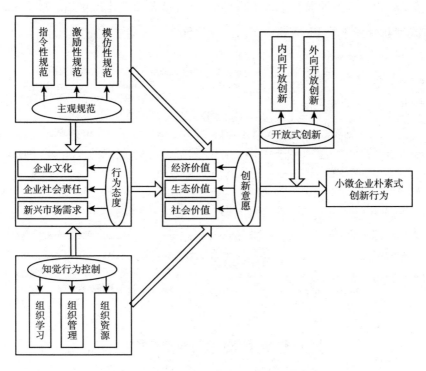

图 4 - 2　企业朴素式创新行为的驱动机理

表 4 - 2　　　　　　　　　　反映故事线的部分原始话语

关系路径	原始话语
行为态度→朴素式创新意愿	我们企业中的每一名员工不仅将朴素式创新视为一种工作责任，而且也是一种社会责任，这种责任感使得员工自觉产生创新意愿
主观规范→朴素式创新意愿	为了应对一些规制法规，我们要加大朴素式创新的努力程度

续表

关系路径	原始话语
知觉行为控制→朴素式创新意愿	对于我们这种小微企业，门槛低、投入小、研发周期短的朴素式创新方式比那种颠覆式的科技创新更容易，我们更愿意进行朴素式创新
主观规范→行为态度	企业为了顺应低碳经济和经济新常态发展的大方向和一些群体规范，开始改变对朴素式创新的态度
知觉行为控制→行为态度	现阶段，企业高层掌握了一些朴素式创新的相关资源，企业上下都具有一个积极的朴素式创新态度
朴素式创新意愿→朴素式创新行为	企业没有进行朴素式创新的原因在于为从事朴素式创新行为而愿意付出的努力程度不够
开放式创新 ↓ 朴素式创新意愿→朴素式创新行为	这段时期采取的开放式创新为我们带来了很多合作关系和资源，激发了我们与外部合作伙伴共同进行朴素式创新的欲望

4.3.4　语度：话语效度检验

话语效度检验的目的在于验证上述话语模型是否完备，即是否有新的范畴和关系路径产生。因此，通过话语效度检验需要同时满足以下两点要求：第一，对新的原始话语进行关键语词和范畴提炼时，不存在新的范畴；第二，对新的原始话语进行分析时，不存在新的故事线或关系路径。将剩余的200条话语条目作为话语效度检验的数据，进行话语叙事展现、话语构件关联、话语模型提炼等步骤，得到的结果仍然符合"企业朴素式创新行为的驱动机理模型"的故事线。举例如下。

（1）在实践中，我们发现，实施朴素式创新还面临着许多现实挑战。我们正在与一些成功企业建立合作关系，学习怎么应对越来越严厉的规制和多变的新兴市场环境。另外，资本、劳动力、技能等资源的稀缺性也是限制创新活动的关键因素。经过市场调研我们发现，低端消费群体的需求受到其支付得起的能力的影响。随着资源约束的日趋加剧，我们必须要设计以为消费者提供支付得起和促进社会可持续发展为目标的创新方案（概念：建立合作关、资本资源、劳动力资源、政府规制、消费者支付能力、可持续发展；范畴：内向开放式创新、组织资源、指令性规范、新兴市场需求、社会价值）。

（2）为了顺应国家低碳经济和经济新常态的发展趋势，我们公司从成立初期就树立了"以最低成本、最少资源最大化满足客户价值"的企业文化，从成立至今的1年多的时间里，这样的企业文化在潜移默化地影响员工的创新行为和创新态度，形成了统一的朴素式观念，激发出朴素式创新的欲望。企业员工在设计产品时以简化产品功能、摒弃过分设计、削减不必要的成本为原则，为众多中低收入消费者提供了一些便宜高质的产品（话语路径：企业文化—行为态度—朴素式创新意愿—朴素式创新行为）。

4.4 基于概念格—加权群组 DEMATEL 方法的企业朴素式创新影响因素重要度研究

4.4.1 概念格—加权群组 DEMATEL 方法

DEMATEL 方法是一种基于单一专家的经验和知识分析系统中各个因素之间的逻辑关系，从而得到各因素重要度、影响度和被影响度的方法，自 20 世纪 70 年代被提出之后，在因素识别、评价等方面得到了广泛的运用。但这种方法也具有一定的局限性，即单一专家的意见过于主观，缺乏准确性和客观性。群决策是基于多个专家的经验和知识进行综合决策的方法，将其与 DE-MATEL 方法结合，有效解决了 DEMATEL 方法单一专家决策的局限性。但是，当有多个专家进行决策时，各个专家的经验、知识、偏好、社会背景等特征的不同，可能会导致评判质量具有差异性，所以需要首先确定各个专家的重要程度，即权重。确定专家权重的常规方法有模糊向量法、Shapley 值法、证据理论等，这些方法的共同点都是从统计的角度确定专家权重，忽略了从认知的角度分析数据的重要性，导致专家的属性和对象属性相对应的实际关联未能充分反映出来（张春英等，2006）。为了能够从认知的角度确定专家影响度，本书在加权群组 DEMATEL 的方法的基础上引入概念格方法。概念格是一种运用形式概念描述数据结构的外部认知方式，它与传统数据统计分析方法的不同在于它是以人的认知为核心，从而实现对概念结构的分析和表达（王玮，2012；张兴国和许百华，2005）。概念格可以被看作一种概念层次结构，包括内涵和外延两部分。内涵为概念的表达，外延是概念所包含的实例。概念格在分析对象和属性之间的关系的过程中，反映了概念外延和内涵的统一关系（张春英等，2006）。概念格构造的基本思想是运用概念格技术对专家的评价结果进行聚类，得到专家权重系数，从而得到各个专家的直接影响矩阵和综合影响矩阵，实际上就是将概念聚类获得权重的过程，从认知的角度确定了各个专家的影响度。所以，本书运用概念格—加权群组 DEMATEL 的方法对企业朴素式创新影响因素重要度进行研究。具体的运算过程如下。

（1）确定因素集。$S = \{S_1, S_2, \cdots, S_n\}$。

（2）确定各因素间的直接关系。用有向弧来表示因素 S_i、S_j 之间的直接关系，有向弧上的数字为关系系数。

（3）计算专家权重系数。在概念格分析中，形式背景 K 可表示为：$K = (O, D, R)$，O 为对象集合，D 为属性集合，R 为 O 与 D 的关系，oRd 为 K 中的一个形式概念，反映对象 o 有 d 属性。设有 m 个专家，其集合为 $O = (o_1, o_2, \cdots, o_m)$，有 n 个指标值，其集合为 $D = (d_1, d_2, \cdots, d_n)$。将 m 个专家对某个元素评价结果相同的聚为一类，总共聚成 $l(l < m)$ 类，用 α_1, α_2, $\cdots$, α_l 表示第 1 类、第 2 类……第 l 类的专家人数。同一类专家的权重相等，令 $\sum_{i=1}^{m} \alpha_i^2 = c$，得 $\sum_{i=1}^{m} w_i \alpha_i = 1$，$\alpha_i = c w_i$，其中 w_i 为专家权重。

（4）初始化直接影响矩阵。每位专家给出的直接影响矩阵为：

$$Z = \begin{bmatrix} 0 & Z_{12} & \cdots & Z_{1j} \\ Z_{21} & 0 & \cdots & Z_{2j} \\ \cdots & \cdots & 0 & \cdots \\ Z_{i1} & Z_{i2} & \cdots & 0 \end{bmatrix}$$

根据专家权重，得出新的因素间影响系数为 $z'_{ij} = \sum_{i=1}^{m} w_i z_{ij}(i, j = 1, 2, \cdots, n)$，

则新的直接影响矩阵为：

$$Z = \begin{bmatrix} 0 & z'_{12} & \cdots & z'_{1j} \\ z'_{21} & 0 & \cdots & z'_{2j} \\ \cdots & \cdots & 0 & \cdots \\ z'_{i1} & z'_{i2} & \cdots & 0 \end{bmatrix}$$

（5）构建综合影响矩阵。

第一步，N：$N = wZ$，式中，$w = 1/\max\left(\sum\limits_{j=1}^{n} z'_{ij}\right)$。

第二步，计算综合影响矩阵 T：$T = \lim\limits_{k \to \infty}(N + N^2 + \cdots + N^K) = N(I - N)^{-1}$。

（6）计算中心度和原因度。一个因素的中心度反映其在因素集中的重要度，原因度反映其与其他因素的关系。根据中心度和原因度，确定该因素在所有因素中的位置以及影响力（高沛然和卢新元，2014；高圣齐和路兰，2013）。在矩阵 T 中，按行相加得到相应因素的影响度 $f_i = \sum\limits_{i=1}^{n} t_{ij}(i = 1, 2, \cdots, n)$，按列相加得到相应因素的被影响度 $e_i = \sum\limits_{j=1}^{n} t_{ji}(i = 1, 2, \cdots, n)$，则中心度为 $r_i = f_i + e_i$，原因度为 $z_i = f_i - e_i$。当 $z_i > 0$ 时，说明该因素为原因因素，能够较大程度地影响其他因素；当 $z_i < 0$ 时，说明该因素是结果因素，受其他因素影响较大。

4.4.2　企业朴素式创新影响因素重要度研究

通过话语分析方法，识别出驱动力（S_1）、情境力（S_2）、使能力（S_3）、创新意愿（S_4）和开放式创新（S_5）5 个企业朴素式创新影响因素。根据概念格—加权群组 DEMATEL 的方法，具体过程如下。

（1）确定影响因素集 $S = \{S_1, S_2, S_3, S_4, S_5\}$。

（2）确定各因素间的直接关系。向高校和科研机构中的 6 位专家（$m = 6$）发放问卷，评判各因素间的直接关系，评判标准为：强 = 5，较强 = 4，一般 = 3，较弱 = 2，弱 = 1，无 = 0。6 位专家直接影响矩阵如下：

$$Z_1 = \begin{bmatrix} 0 & 0 & 1 & 3 & 5 \\ 4 & 0 & 0 & 2 & 4 \\ 4 & 0 & 0 & 1 & 4 \\ 3 & 1 & 4 & 0 & 4 \\ 2 & 0 & 0 & 2 & 0 \end{bmatrix} \quad Z_2 = \begin{bmatrix} 0 & 1 & 1 & 3 & 5 \\ 4 & 0 & 0 & 3 & 4 \\ 5 & 0 & 0 & 1 & 5 \\ 3 & 0 & 4 & 0 & 4 \\ 3 & 0 & 0 & 3 & 0 \end{bmatrix} \quad Z_3 = \begin{bmatrix} 0 & 2 & 0 & 4 & 5 \\ 5 & 0 & 0 & 2 & 4 \\ 4 & 0 & 0 & 2 & 5 \\ 3 & 0 & 4 & 0 & 4 \\ 3 & 0 & 0 & 1 & 0 \end{bmatrix}$$

$$Z_4 = \begin{bmatrix} 0 & 1 & 0 & 4 & 5 \\ 4 & 0 & 0 & 3 & 5 \\ 3 & 0 & 0 & 1 & 5 \\ 4 & 1 & 5 & 0 & 4 \\ 3 & 0 & 0 & 1 & 0 \end{bmatrix} \quad Z_5 = \begin{bmatrix} 0 & 0 & 1 & 4 & 4 \\ 3 & 0 & 1 & 3 & 5 \\ 4 & 0 & 0 & 2 & 4 \\ 4 & 1 & 4 & 0 & 5 \\ 3 & 0 & 0 & 1 & 0 \end{bmatrix} \quad Z_6 = \begin{bmatrix} 0 & 0 & 0 & 4 & 4 \\ 5 & 0 & 1 & 2 & 5 \\ 5 & 0 & 0 & 1 & 4 \\ 4 & 1 & 4 & 0 & 4 \\ 2 & 0 & 0 & 2 & 0 \end{bmatrix}$$

（3）确定专家权重系数和新直接影响矩阵。将对某个元素评价结果相同的专家进行聚类，由于篇幅限制，仅以驱动力（S_1）和情境力（S_2）之间的关系为例，根据 6 位专家的直接影响矩阵，可将 6 位专家聚为 3 类：第一类为 1 号、5 号、6 号专家，第二类为 2 号、4 号专家，第三类为 3 号专家，则 $\alpha_1 = 3$，$\alpha_2 = 2$，$\alpha_3 = 1$，$c = \alpha_1^2 + \alpha_2^2 + \alpha_3^2 = 14$。根据聚类结果，得到 $w_1 = w_5 = w_6 = \frac{3}{14}$，$w_2 = w_4 = \frac{2}{14}$，$w_3 = \frac{1}{14}$，则：

$$z'_{12} = 0 \times \frac{3}{14} + 1 \times \frac{2}{14} + 2 \times \frac{1}{14} + 1 \times \frac{2}{14} + 0 \times \frac{3}{14} + 0 \times \frac{3}{14} = 0.4。$$同理，得其他影响因素间关系系数，最终得到新的直接影响矩阵：

$$Z = \begin{bmatrix} 0 & 0.4 & 0.5 & 3.8 & 4.8 \\ 4.2 & 0 & 0.2 & 1.5 & 4.5 \\ 4.2 & 0 & 0 & 1.2 & 4.5 \\ 3.5 & 0.8 & 4.0 & 0 & 4.0 \\ 2.8 & 0 & 0 & 1.4 & 0 \end{bmatrix}$$

（4）构建综合影响矩阵。由式 $w = 1/\max\left(\sum_{j=1}^{n} z'_{ij}\right)$，得 $w = 1/17.8$，由式 $N = wZ$，得到标准化直接影响矩阵：

$$N = \begin{bmatrix} 0 & 0.0225 & 0.0281 & 0.2136 & 0.2698 \\ 0.2360 & 0 & 0.0112 & 0.0843 & 0.2529 \\ 0.2360 & 0 & 0 & 0.0674 & 0.2529 \\ 0.1967 & 0.0450 & 0.2248 & 0 & 0.2248 \\ 0.1574 & 0 & 0 & 0.0787 & 0 \end{bmatrix}$$

然后，由 $T = \lim\limits_{k \to \infty}(N + N^2 + \cdots + N^k) = N(I - N)^{-1}$，得综合影响矩阵：

$$T = \begin{bmatrix} 0.1537 & 0.0389 & 0.0977 & 0.2886 & 0.4107 \\ 0.3606 & 0.0171 & 0.0665 & 0.2000 & 0.4163 \\ 0.3504 & 0.0159 & 0.0502 & 0.1788 & 0.4044 \\ 0.3693 & 0.0594 & 0.2665 & 0.1363 & 0.4375 \\ 0.2107 & 0.0108 & 0.0364 & 0.1349 & 0.0991 \end{bmatrix}$$

（5）计算中心度和原因度。由式 $f_i = \sum\limits_{i=1}^{n} t_{ij}(i = 1, 2, \cdots, n)$、$e_i = \sum\limits_{j=1}^{n} t_{ij}(i = 1, 2, \cdots, n)$、$r_i = f_i + e_i$ 和 $z_i = f_i - e_i$ 得到各因素影响度、被影响度、中心度和原因度，结果如表 4-3 所示。

表 4-3　　　各影响因素影响度、被影响度、中心度及原因度计算结果

影响因素	影响度	被影响度	中心度	原因度	影响度排序
驱动力	0.9897	1.4446	2.4343	-0.4549	4
情境力	1.0605	0.1422	1.2027	0.9183	2
使能力	0.9998	0.5173	1.5171	0.4825	3
创新意愿	1.2690	0.9386	2.2076	0.3304	1
开放式创新	0.4917	1.7679	2.2596	-1.2762	5

综上得出如下结论：运用话语分析方法中的话语叙事展现、话语构件关联、话语模型提炼等过程，得到驱动力、情境力、使能力、创新意愿和开放式创新是影响企业朴素式创新的主要因素。通过概念格—加权群组 DEMATEL 的方法得到各影响因素的重要程度排序：创新意愿 > 情境力 > 使能力 > 驱动力 > 开放式创新。

4.5　企业朴素式创新实现机理剖析

驱动力、情境力、使能力、创新意愿和开放式创新5个要素对企业朴素式创新行为实现的作用机理并不相同，并且彼此之间具有相互作用关系。具体包括四类作用路径：直接驱动语径、间接驱动语径、相互关系语径、调节作用语径。构建企业朴素式创新实现过程的"情境力－驱动力－使能力"模型如图4－3所示。

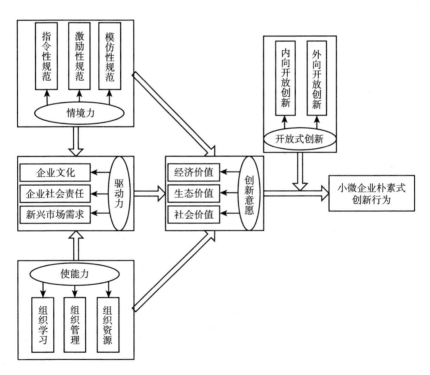

图4－3　企业朴素式创新实现过程的"情境力－驱动力－使能力"模型

4.5.1 第一类直接驱动语径：朴素式创新意愿→朴素式创新行为

朴素式创新意愿指企业试图进行朴素式创新的动机及其为了实现朴素式创新所愿意投入努力的程度。根据话语分析结果，经济价值、社会价值及生态价值是企业愿意为进行朴素式创新付出努力的主要动机。朴素式创新意愿是用来衡量企业是否实施朴素式创新的主观因素，能够反映企业对内部技术重新组合、产品架构重新构建、组织边界重新设置等朴素式创新行为的接受程度。一个企业的朴素式创新意愿越强，采取朴素式创新的态度就越积极，就越容易接受和引进外部的朴素式思想和观念，当面对新兴市场中众多的低收入群体时，就自然而然地激起了通过实施朴素式创新来满足这类群体需求的欲望。

4.5.2 第二类间接驱动语径

（1）驱动力→朴素式创新意愿→朴素式创新行为。驱动力指企业对朴素式创新的看法和评价。如果具有正面的看法和评价，则会产生朴素式创新的冲动。根据话语分析结果，驱动力主要体现为内生驱动力和外生驱动力两个方面。内生驱动力是在企业社会责任、企业文化等企业内部因素的影响下对朴素式创新的看法和评价；外生驱动力是在新兴市场需求等企业外部因素影响下对朴素式创新的看法和评价。制定符合新常态下经济发展的企业社会责任战略，会使企业获得更多的社会声誉和收益，从而促使企业愿意为低收入消费群体提供适宜的产品和服务，以改善他们的生活质量。企业文化能够潜移默化地影响员工的思维方式和行为，建立具有朴素式思想的企业文化有助于增强员工对朴素式创新的正面评价、思维方式和行为向朴素式创新理念的方向转变。另外，新兴市场中充斥着大量低收入消费群体，具有创新成本较低的特点，能够满足新兴市场需求的朴素式创新可以帮助企业迅速提高低端消费市场的占有率，在这种利益诱惑下，企业会产生强烈的朴素式创新意愿。

（2）情境力→朴素式创新意愿→朴素式创新行为。情境力指企业感知到的外部社会环境中的相关组织和制度对其是否执行朴素式创新形成的某种规范和压力。通过话语分析研究发现，情境力可被进一步细化为激励性规范、指令性规范和模仿性规范。其中，企业感知的激励性规范主要体现在政府、银行等组织对其朴素式创新及结果的支持程度；企业感知的指令性规范主要体现在政府、组织制度等方面对其执行朴素式创新的约束程度；企业感知的模仿性规范主要体现在标杆企业、竞争对手等主体进行朴素式创新所产生的示范效应。企业行为会受到政府政策导向、金融机构资金支持、市场竞争压力等外部环境的影响，这些因素会迫使企业在激烈的竞争环境中寻找生存途径。当政府、金融机构或者企业自身等主体制定了相关政策制度鼓励或者迫使企业实施朴素式创新时，受到自身人、财、物等资源限制的企业会接受组织与领导的期望与号召，产生朴素式创新动力。另外，企业往往会愿意模仿同行业中类似企业的发展路径。当行业内类似企业或者竞争对手通过朴素式创新获得盈利时，会对其产生一种积极的示范作用，促使企业形成一种不甘落后的朴素式创新意愿。

（3）使能力→朴素式创新意愿→朴素式创新行为。使能力指企业对影响朴素式创新实现的各方面能力的感知，能力越强，说明企业能够掌控的因素越多，越容易实现和完成朴素式创新。通过话语分析研究发现，使能力主要包括外部使能力和内部使能力两种。其中，外部使能力反映企业对朴素式创新所需的人才、资本、合作伙伴等外部资源的控制程度；内部使能力反映企业自身的学习能力、管理能力等朴素式创新所需的各方面能力水平。创新资源是企业创新成功实施的重要保障，自身资源的有限性使企业对资源使用较少、能够节约资源、降低成本的朴素式创新产生兴趣和欲望。朴素式创新对大多数企业来说还是一个新的创新模式，需要通过不断地学习，获取最新的朴素式思想、理念、创新案例等，在学习的过程中鼓励员工之间的创意共享和思想碰撞，逐渐形成一种正向连环效应，为企业中朴素式创新设想和构思的产生提供基本支撑。另外，企业还需要通过调整组织架构和发展组织管理能力来优化整个组织的成本，使得整个系统与朴素式创新的总体目标相匹配，进而促进朴素式创新的开发。

4.5.3　第三类相互关系语径

（1）情境力→驱动力。根据社会心理学领域中的劝说理论，在一个群体中，某个行为主体对某种行为的原始态度会间接地受到群体中其他主体对该行为认可或者争论的影响。为了符合指令性规范、激励性规范等群体约束，企业会有意识地变革企业文化、增强社会责任感，进而对待某种行为的态度也会随之改变。企业在成长过程中，可能会面临更多的不确定性，因此，当企业受到权威的、值得信任的其他主体对朴素式创新行为的支持和激励时，会形成积极、正面的行为动力。

（2）使能力→驱动力。通常来说，企业会根据自身对创新资源的把握程度来决定采用何种创新模式和创新内容。当企业能够准确地定位自身的学习、管理等能力，并且掌控朴素式创新行为所需的各项资源时，企业对朴素式创新行为的评价就会越发积极和正面。

4.5.4　第四类调节作用语径

开放式创新
↓
朴素式创新意愿→朴素式创新行为。　　　开放式创新指依靠创新网络促进朴素式创新所需的各种要素在不同企业之间吸收、转化和利用的过程。根据话语分析结果，开放式创新可进一步细分为内向开放创新和外向开放创新。内向开放创新是将企业外部环境中的观念、知识、资本等朴素式创新所需的要素引入企业内部，进行吸收、转化和利用的过程；外向开放创新是向网络中其他企业输送企业内部与朴素式创新相关的观念、设想、知识等要素，促使其他企业对这些要素吸收、转化和利用的过程。众所周知，资源稀缺是众多企业的短板。但开放式创新能够帮助企业搜寻和利用新兴市场中的本土资源，增强企业对实施朴素式创新的外部要素控制力，并源源不断地为企业输送先进的朴素式理念和思想，提高企业对朴素式创新的正面认知。另外，开放式创新会为企业创造大量的合作机会，促使企业积极地参与其他企业的朴素式创新过程中，降低成本和风险，并且通过合理的竞争提供更加经济实惠的产品和服务，提高产品和服务形象，最终刺激企业为了获得朴素式创新带来的价值产生创新需求和愿望。

第5章

企业朴素式创新扩散路径研究

本章节的研究思路是：基于生命周期视角，通过构建和分析朴素式创新扩散的主体行为层面演化博弈模型，研究政府规制下朴素式创新在企业和BoP消费者中扩散路径，深入分析了朴素式创新扩散过程中主体策略采纳的影响因素与生命周期不同阶段的演化稳定策略；通过构建和分析Lotka-Volterra模型反映朴素式创新在市场中的扩散路径，分析在市场容量有限的情况下，朴素式创新存在着哪些扩散路径以及这些路径存在的条件；并利用MATLAB软件对以上模型结论进行数值仿真验证。

5.1　相关文献与理论基础

5.1.1　相关文献

1. 创新扩散演化方法

国内外学者对技术创新扩散演化的研究主要集中在对扩散演化的建模和仿真上。1969年，巴斯（Bass）在研究耐用品市场扩散的基础上，结合两种模型，认为创新产品的潜在采用者会受到外部（大众传媒）和内部（口头传播）的双重影响，提出了综合外部和内部影响的Bass模型，为今后的技术和产品扩散研究奠定了基础。后来，一些学者通过减轻限制性假设来扩展巴斯模型。在 Bass 模型的基础上，巴迪亚等（Bardia et al.，2005）在模型中加入了创新扩散率的影响，建立了一系列 Bass 模型群或柔性扩散模型，表明价格和广告策略会影响商品竞争性扩散的随机演变。宽迪科夫和索科洛夫（Kuandikov and Sokolov，2010）进一步发展了创新扩散演化代理模型，并讨论了各种社会网络对创新扩散效果的影响。杨国忠（2012）以创新扩散独立性假设为突破口，将渗透需求引入原有的创新需求、模仿需求上，构建包含多元技术创新之间的互补性、替代性和竞争性关系的统一模型 MTID 模型，并用 MATLAB 进行模拟仿真实验。胡知能等（2012）开发了一个基于 Norton Bass 的扩展模型，以研究多代创新产品的扩散机制。

在描述没有竞争对手的单一产品竞争时，上述模型具有较好的拟合性，但是无竞争对手的单一产品扩散只是一种理想状态，在市场中真实情况往往是多种产品相互作用共同抢占市场，如果研究多种产品同时扩散，上述模型将会与现实情况不符。Lotka-Volterra 模型是研究生物间共生、寄生、竞争等关系下的扩散现象的一种模型，由于人类社会与生物发展过程具有较高的相似性，该模型已被广泛应用于人类社会的各个领域，并且该模型可以较好地弥补 Bass 模型的局限性，对竞争关系的描述比较清晰。金姆等（Kim et al.，2006）采用 Lotka-Volterra 模型对韩国移动通信使用量进行估计，并预测了四个市场竞争均衡点，证实了蜂窝电话和 PCS 之间的动态竞争关系。龙跃等（2010）利用 Lotka-Volterra 模型，在其基础上建立成本信息扩散模型，对资源联盟进行阐述并论述其形成过程。邵云飞等（2010）基于竞争的 Lotka-Voltera 模型，建立集群创新扩散模型，论述了产业集群创新的扩散模式和影响因素。陈瑜和谢富纪（2012）将 Lotka-Voltera 模型应用于光伏产业生态系统演化路径的模拟，提出了我国光伏产业后向和前向捕食战略的两大方向。

博弈论的应用为创新扩散的演化提供了一个新的视角。雷纳姆（Reinganum，1981）开创性地将博弈论与创新扩散相结合，从技术创新扩散的微观决策层面入手，讨论双寡头公司在完全信息条件下的竞争模式和博弈决策过程。富登贝格等（Fudenberg et al.，1985）创造性地将博弈论与期权相结合，讨论双寡头企业在环境确定的条件下如何进行技术创新最优时间规划。陈艳莹等（2005）将博弈论带入研究绿色技术采纳和收益不确定性问题的研究中去，得出企业间的博弈行为使得后采纳绿色技术要比先采纳绿色技术更有利。曹国华等（2007）应用期权博弈理论研究双寡头竞争者在不完全竞争环境下的企业技术创新扩散问题，为期权博弈研究新技术扩散提供了一个框架和研究方向。杨伟娜等（2011）根据不同产品市场需求下的企业采用新技术的实际情况，采用囚徒困境和多阶段序贯博弈理论，建立了企业采用新技术的决策模型，研究了市场需求和政府补贴对技术扩散的影响，提出了能有效促进新技术采用的 G－E 框架模型。常悦等（2013）从分析每个参与者的利益入手，用鲁宾斯坦的三阶段讨价还价博弈模型来探讨技术创新链扩散过程中中介机构、潜在采用者和创新提供者之间的关系。

2. 创新扩散在不同创新范式中的应用

创新扩散理论自诞生以来就被应用于不同的创新模型。徐莹莹和綦良群（2018）通过构建基于市场机制和政府监管的低碳技术创新决策和扩散模型，探索其微观决策互动机制和宏观扩散现象；基于社会系统中参与服务创新的利益相关者，徐建中等（2018）构建了政府和企业之间的双边演化博弈模型，以研究影响企业服务创新传播的因素；基于创新扩散理论，徐建中等（2015）利用演化博弈方法研究了市场机制和政府监管下的低碳技术创新的链式扩散机制；贺宝成等（2015）构建了绿色消费与技术创新的演化博弈模型，并对其进行了仿真分析；曹霞等（2015）通过构建进化博弈模型和 Lotka-Voltera 模型，探讨了三方利益相关者对企业的绿色创新行为和绿色创新扩散的影响；游达明等（2018）构建政府、企业、学研机构间的生态技术合作创新博弈模型，重点考察合作创新过程中各博弈方决策的演化机理与影响因素；杨坤等（2021）通过构建演化博弈模型并引入 Lotka-Voltera 模型探究利益相关者在责任式创新中的策略选择和不同响应手段对责任式创新扩散的影响。

5.1.2 理论基础

1. 全生命周期理论

生命周期理论被广泛应用于政治、经济、环境、技术、社会等诸多领域中，其产生和发展大致经历了以下三个阶段：产品生命周期、企业生命周期、产业生命周期。产品生命周期的概念最早是由博厄斯（Boas）在1957年出版的《新产品管理》一书中提出的，然后由哈佛大学的弗农（Vernon）提出。他提出了产品生命周期理论，根据这一理论，产品经历了一个生命周期，包括引进、成长、成熟和退出。在此基础上，贺什尔通过对不同类型国家产业竞争力的比较分析，提出了动态产品生命周期理论。企业生命周期理论诞生于20世纪90年代的美国，其中最著名的是美国管理思想家伊查克埃迪斯在1989年提出的生命周期理论，该理论与人类的生命周期相类似，将企业的生命周期在管理和组织方面分为九个阶段，即孕育期、婴儿期、学步期、青春期、盛年期、稳定期、官僚初期、官僚期及死亡期。后来理查德·达芙特对其进行了发展与总结，将企业的生命周期划分为创业阶段、集体化阶段、规范化阶段、精细化阶段四个阶段。国内学者对企业生命周期也进行了积极探索，陈佳贵（1995）依据企业发展规模和时间，将企业生命周期划分为孕育期、求生存期、高速发展期、成熟期、衰退期以及蜕变期。罗红雨（2009）将企业生命周期划分为初创期、成长期、成熟期和衰退期四个阶段，并研究分析了每个阶段的成本战略模式。产业生命周期是在产品生命周期和企业生命周期的基础上扩展而来的，描述了某一产业从出现到经济活动完全消失的整个过程。

生命周期理论自诞生以来应用广泛，被普遍用于研究事物的新生、成长、成熟、衰退环节，随着研究领域的扩大，杨建新教授拓展性地将全生命周期理论定义为从摇篮到坟墓的全过程，并且有明确的阶段划分。在此定义下，传统的企业生命周期、产品生命周期或是产业全生命周期等，都可被广义称为"全生命周期理论"（见图5-1）。全生命周期理论的核心思想是将研究对象的发展过程划分为多个阶段，以更全面、更综合的方式考察研究对象的行为，它被广泛应用于企业的价值链研究、政府的政策规划、环境保护等各个领域。本书将全生命周期引入创新领域中去，将朴素式创新划分为引入期、成长期、成熟期和衰退期，在生命周期的每个阶段中，朴素式创新都有不同的特征。

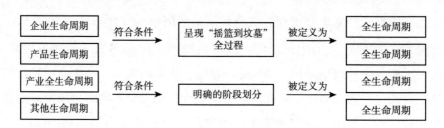

图 5 – 1   全生命周期理论

2. 演化博弈理论

博弈论又被称为对策论，是现代数学的一个重要分支，目前已经成为经济管理领域重要标准分析工具之一。冯（Von，1944）证明了博弈论的基本原理，标志着博弈论的正式诞生，随后纳什利用不动点定理证明了均衡点的存在，为博弈论一般化奠定了基础。传统的博弈论认为，参与主体的行为通常是理性的，且参与人是在完全信息条件下进行的策略选择，然而在现实生活中这种完美的情况几乎不存在，使得传统博弈难以实现。演化博弈论最早出现在遗传生物学家对动植物行为的分析中，他们研究发现，生物演化结果可以在并不依赖于任何理性假设下来解释。演化博弈与传统博弈的最大不同之处在于演化博弈是基于有限理性和不完美信息，通过不同的个体与群体之间的相互影响，使得参与者不断重复博弈，渐渐达到博弈的平衡。演化博弈理论的重大发展要归功于梅纳德和普莱斯（Maynard and Price）提出的演化稳定策略和泰勒和琼克（Taylor and Jonker）提出的演化博弈理论的基本动态概念——模仿者动态，其中，演化稳定策略表示演化博弈的稳定状态，模仿者动态表示在实现稳定状态的过程中的动态收敛过程，两者共同构成了演化博弈理论最核心的基本概念。

博弈论主要研究个人之间和群体之间利用自身所掌握的信息在一定的约束下进行的策略选择，以追求自身利益最大化的过程。演化博弈认为，每个博弈方都是有限理性的，博弈方能根据上次博弈结果总结经验及时调整博弈策略，逐渐达到博弈的平衡。在这一过程中，博弈的参与主体是由群体组成的，个人的行为会受到群体行为的影响，个体会模仿成功者的经验或教训，因而经过多轮的博弈，成功的策略必将代替失败的策略，直到达到稳定状态。演变策略基本准则主要有以下三点：异质性、适应性、策略选择的重复与模仿。不同行业、不同规模的企业所拥有的技术实力及其他资源条件不同，在选择创新策略的时候必定会体现出不同的普遍性，实力雄厚拥有大量资金、人才、技术等资源的企业为了获取高额收益会采取传统高精尖式创新，而一些实力较弱的中小企业则可能选择朴素式创新。消费者在购买具有类似功能的产品时，基于自身需求和消费能力，也可能会购买不同品牌、不同价位的产品。同样，政府基于成本效益原则，会决定是否出台政策以促进朴素式创新的扩散，以上博弈主体均在博弈行为中体现出异质性。在整体中，以企业为例，他们根据自身条件或选择高精尖式创新，或选择朴素式创新。不同的策略给企业带去了不同的投资收益状况，当某个策略比其余策略能够取得更高的投资收益，那么采取这个策略的企业就有更强的适应性。同时，那些选择了更优策略的企业，在后续的策略选择中更具有重复性，会继续采纳之后的策略。而那些选择了较差策略的企业，则不具备较强的模仿性，就会在后续的策略选择时产生突变，改变策略以追求利益最大化。

3. 创新扩散理论

创新扩散的研究始于熊彼特提出的创新理论，并认为资本主义增长的源泉源于技术创新。1962 年，美国学者罗格斯（Rogers）在他的《创新的扩散》一书中解释，所谓"创新"，并不一定是指知识的创新，而当一个观点、方法或是物品被某人或是某群体接受时，也可称为一项创新。创新不是从客观的角度去考虑，关键在于其对采用者是否新颖，而"让采用者去接受一个新想法，即使新想法具有优势，也是困难的"。罗格斯提出的创新扩散理论描述了新想法、新技术、新理论等随着时间的推移通过某种渠道在社会系统中传播扩散的过程，其最终结果表现为新想法、新技术或新理论被采用、实施、制度化。

在创新扩散理论中，罗格斯提出了影响创新的四大影响因素：分别为创新属性、时间、扩散渠道以及社会体系。创新属性包含相对优越性、相容性、复杂性、可视性和可观察性这五项。时间是创新扩散速度和扩散模式的体现。创新扩散速度越快，那么社会系统中成员接受创新成果所需要的时间越短，扩散模式体现了随着时间的推移，创新采纳人员比例的变化。在时间中，罗格斯总结了"创新—决策"模式，按照时间的维度，将采纳者对创新的决策分成四个阶段：认知阶段、说服阶段、决策阶段、执行阶段，这四个阶段可能并不会同时存在且先后顺序受外界因素的影响也会改变。扩散渠道是创新扩散过程顺利进行的途径要素，扩散渠道主要有两种，一是大众传媒，二是人际传播。大众传媒能够在更大的范围内进行创新的扩散，而人际传播则对决策更有影响，会加快或减缓传播的过程。社会体系是创新扩散不可或缺的环境因素，主要包括市场环境、政策环境、技术环境、地理位置四个方面。

在创新扩散的过程中，以接受创新成果的时间为顺序可以把采纳者分成五类：创新者（2.5%）、早期采纳者（13.5%）、早期大多数（34%）、晚期大多数（34%）、滞后者（16%），这些采纳者呈正态分布（见图5-3）。这五类人占扩散总人群的比重悬殊，因此，整个扩散过程并不是单纯的线型增长，而是呈现出"S"型曲线增长（见图5-2）。在创新扩散的初期，采纳者群体占比较小，扩散进程缓慢；随着采纳者的增加达到10%~25%，扩散速度会陡然上升；当采用者占比达到70%以后，创新扩散的增长速度会降低，整个群体趋于饱和。

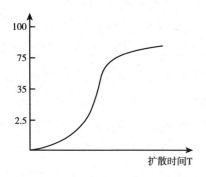

图5-2 创新扩散传播的"S"型曲线

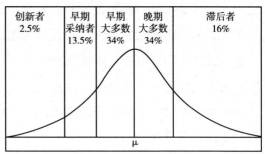

图5-3 创新扩散人数分布

5.2 朴素式创新扩散系统构成及影响因素分析

5.2.1 朴素式创新扩散系统构成

朴素式创新扩散是一个由多种相互联系、相互作用的要素组成的复杂系统，创新产品扩散与工艺（或流程）创新扩散是朴素式创新扩散中的两个重要内容，同样也是技术扩散的重要内容，因此，朴素式创新扩散本质上属于技术扩散。懂景荣（2008）认为，技术创新扩散是一个由技术创新源、技术创新通道和技术创新采纳者三个要素组成的相互作用、相互影响的系统。郑继兴等（2016）将技术创新扩散系统定义为在外部环境影响下，由构成要素相互作用、相互影响，从而实现技术创新成果传播、推广及扩的复杂有机系统。本书参考现有技术创新扩散系统研究成果，认为朴素式创新扩散系统包括扩散主体、扩散客体、信息传递、扩散环境，并且整个过程是在政府规制下进行的。朴素式创新扩散系统如图5-4所示。

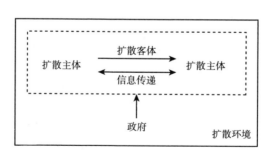

图5-4 朴素式创新扩散系统

在朴素式创新扩散系统中，扩散主体具体指朴素式创新的供给者和潜在采纳者，包括企业（供给企业和潜在采纳企业）和BoP消费者，而扩散客体则为朴素式创新技术、工艺/流程、产出（产品和服务）。企业是创新的主体，在朴素式创新扩散系统中，供给企业是朴素式创新成果的提供者，他们向未采纳朴素式创新的企业提供技术、工艺/流程，向BoP消费者提供朴素式产品和服务。企业选择何种创新方式取决于内部的自身经济实力和外部所处的环境。源于新兴经济体的本土企业大多为中小型企业，他们受限于资源和自身实力难以展开高投入、高消耗的传统高精尖式创新。朴素式创新所具有的特征成为中小企业应对资源稀缺和经济发展新常态的重要途径（曲小瑜，2021）。不管是西方还是新兴经济体中的大型跨国公司，他们经济实力雄厚，拥有完善的组织结构，具有较强的 R&D 能力，是传统创新的主要阵地，但随着其在高端市场收入的下滑，他们将进入低端市场视为一个具有成本效益的解决方案，因此，许多跨国公司在其母国和境外子公司开始从事朴素式创新业务。蒂瓦里和赫斯塔特（2012）认为，朴素式创新的目标 BoP 消费者有独特性，他们大多为价格敏感的客户，因此，负担能力是一个重要的考虑因素。发展中国家存在大量的价格敏感型消费者，加上经济下行压力下发达国家的价格敏感型消费者的数量不断上升，为朴素式创新成果的扩散提供了条件（Albert，2019）。

信息传递是加强朴素式创新扩散主体联系的重要一环，主要包括大众传媒、人际交流网络、中介机构、政府推广等。扩散主体之间关系的强弱在很大程度上影响新朴素式创新在系统中的传递速度和传播效果。当创新技术和创新产出通过供给方向采纳方扩散时，只有加强信息交流与反馈，保持沟通畅通，创新需求信息才能有效反馈给供给方主体，创新技术和产出才能有效传递给最终采纳者。大众传媒覆盖面广，在正常情况下可以传播一般信息，如工作原则、政策信息等；人际网络包括口头交流和视察交流，人际网络方式存在比较大的个体差异，对传播质量的影响有好有坏；中介组织可以利用自己的专业知识提供咨询等服务，使小微创新信息的传播更加准确和有针对性，减少大众传媒的随机性；政府推广主要通过政府传播组织，因为它们统一、程序化、稳定性高。

在朴素式创新扩散过程中，政府的作用不可或缺。政府通过制定法律法规和政策来完善市场机制，通过采取激励或惩罚措施控制企业和消费者的市场行为，在一定程度上决定了扩散的质量。科尔西尼等（Corsini et al.，2021）和霍辛（2021）认为，取得类似于政府的权力机构的支持，有利于提升企业的声誉，对于朴素式创新的成功至关重要。此外，通过政府推广工作还能起到促进信息交流的作用，有利于减少企业和消费者之间的信息不对称，例如，喀拉拉邦政府积极推广朴素式创新，并借助社交媒体平台呼吁保持社交距离，并支持多项朴素式举措，以帮助管理、控制疾病的传播。

朴素式创新的扩散都离不开外部环境的影响。在朴素式创新扩散系统中，扩散环境一般指扩散系统外部环境，包括市场环境、政策法规环境、社会环境等。霍辛（2018）在其研究中发现，朴素式创新可以在经济社会相似的环境中进行扩散，也可以在经济环境不同的环境中扩散，即反向创新，然而阿什法克等（Ashfaq et al.，2018）发现，在经济环境不同的环境中进行扩散，过程会充满挑战。

5.2.2　朴素式创新扩散影响因素分析

1. 经济发展水平

传统的创新扩散理论认为，宏观经济增长对一项技术或产品的用户扩散率有显著的积极影响。在一个单一的社会经济体系中，经济发展水平越高、人口流动性越大，创新扩散的速度就越快，然而，该地区的二元经济结构特征越强、人口的受教育水平越高，创新就越不容易传播（Barnikol and Liefner，2022）。但朴素式创新的扩散却与之相反。张（Zhang，2018）在其研究中发现，朴素式创新与传统创新有着不同的扩散模式，朴素式信息通信技术在中国的扩散速度要快于美国。朴素式创新源于新兴市场，以价格敏感的低收入消费者为目标客户，其产品功能简单、廉价等特点也注定使其难以在发达的市场中扩散。尽管现有的案例中存在成功的逆向创新，但是过程中充满挑战，且大部分成功的企业是已经在发达市场占有一席之地的大型跨国公司，例如，通用电气，但这并不意味着中小企业成功的案例不存在。

2. 创新特征

创新特征是创新扩散的基础与动力，首先，当朴素式创新产品能够满足消费者需求时，消费者才会购买，朴素式创新成果才能够被市场接受。其次，朴素式创新成果要易于操作，朴素式创新成果面对的是社会底层人群，他们大多不具备丰富的知识储备和技能，如果包含太多隐性知识而太过复杂，会导致消费者难以操作，加大了扩散壁垒（Levänen et al.，2022）。最后，研究发现，在朴素式创新过程中使用简单、廉价、本地的材料生产的产品的传播范围并不会很大，但是使用高端材料和先进技术生产的产品传播范围会更广，甚至在全球范围内传播（Cuevas-vargas et al.，2022）。

3. 政府规制

在朴素式创新的过程中，政府的作用不可或缺，从宏观层面来看，经济发展水平、人口流动、市场环境等因素影响创新扩散速度和效率，而政策法规等措施通过对创新扩散的激励和规范，促进了公益性、绿色性或产业重要技术创新的扩散。首先，随着世界各国尤其是发达国家对环境监管和可持续发展的要求越来越高，学者们越来越关注绿色创新扩散的问题，很多学者认为，全球环境监管和绿色技术扩散是密切相关的。一些学者还提出，只有政府实施严格的排放控制政策，如加大对环境污染的惩罚力度，才能促进污染控制技术的快速扩散（曲小瑜和秦续天，2023）。相比于传统创新模式，朴素式创新更具节约与环保性质，政府出台的对环境的规制政策间接推动了朴素式创新技术的扩散。其次，政府的正向激励，如补贴，可以直接推动朴素式创新的发展与扩散。科尔西尼等（2021）认为，政府的支持对想要进行朴素式创新企业提供了很大的帮助，特别是在对企业进行财政资助和提高企业声誉方面有较大帮助。萨卡尔（2020）发现，朴素式创新企业和地方政府之间的合作是喀拉拉邦传染病得到控制的一个关键方面。阿加瓦尔等（Agarwal et al.，2021）研究发现，在政府的帮助下，朴素式创新企业的成本降低，可以以更低甚至是免费的价格提供产品和服务，提升了其竞争力，有利于产品的扩散。

4. 消费者认知偏好与参与度

朴素式创新的根本目的是让大量的消费者获得朴素式创新的技术和产出，因而消费者特征在很大程度上决定了朴素式创新的扩散效果。首先，消费者的认知和偏好决定了朴素式创新是否最终被接受。付晓蓉等（2011）

认为，消费者具备的知识会对创新属性感知和消费者使用意愿之间的关系产生影响，从而影响创新的扩散。阿尔克马德等（Alkemade et al.，2005）认为，消费者会根据他们的偏好以及社会网络中的邻居决策，决定是否购买新产品。其次，消费者的参与和反馈是朴素式创新可以成功扩散的重要因素。莫利纳－马图拉诺等（Molina-Maturano et al.，2020）认为，正是消费者积极参与朴素式创新过程中去，使得创新产品的采纳率上升，促进了朴素式创新的扩散。

5. 竞争与合作

从竞争视角来看，张诚等（2009）认为，拥有创新能力的企业之间的互动可以显著影响创新扩散的最终走向。对于具有竞争关系的技术或产品，他们之间的替代作用或抑制作用均会降低彼此的扩散效率。当企业合作时，合作伙伴的相似性之间的交流沟通，会造成不同类型的专业知识在企业间传播，因此，合作伙伴的互补性有利于提高市场接受度和产品创新扩散程度。但是实际上，市场中创新企业（或创新技术、产品）之间的关系并不是单纯的竞争、合作，它们之间复杂多变的关系影响创新扩散的过程和效果。以市场上的两类创新产品为例，张林刚等（2009）认为，两者之间的关系并不单纯，并且有可能会随着时间的推移而发生变化，使得创新扩散可能存在竞争、互利共存和捕食三种作用模式，创新扩散过程在这三种模式之间转化，进而影响扩散效果。

5.3　朴素式创新扩散中主体行为演化博弈模型构建与分析

本节主要从参与主体角度，通过研究参与主体的策略选择及影响因素，构建主体层面朴素式创新的扩散机制模型。根据罗格斯在 20 世纪 60 年代提出的创新扩散理论，当某种新想法、新技术、新理论等随着时间的推移通过某种渠道在社会系统中传播扩散，最终会实现新想法、新技术或新理论被采用、实施、制度化。因此，对于朴素式创新来说，市场参与主体从原先的不采纳朴素式创新到采纳朴素式创新这一策略的转变，体现出朴素式创新的扩散。在本章中通过朴素式创新三方演化博弈模型的构建和分析，研究政府规制下朴素式创新在企业和 BoP 消费者中扩散的过程，深入分析朴素式创新扩散过程中主体策略选择的影响因素与生命周期不同阶段的演化稳定策略。

5.3.1 朴素式创新扩散中主体行为演化博弈模型假设

基于信息不对称和有限理性，参考前文朴素式创新扩散的影响因素，构建朴素式创新扩散的三方演化博弈模型，假设如下。

假设 1：扩散环境和参与主体。本书假设扩散环境为新兴市场，参与主体包括政府、企业、BoP 消费者。企业是市场中的主要创新活动专家，是进行朴素式创新的主体，企业根据成本效益原则选择是否采纳朴素式创新，企业拥有丰富的物质资源和知识资源，在进行创新活动方面拥有充足的经验以及敏锐的市场嗅觉，能够快速抓住市场需求的变化进行生产活动。但在朴素式创新的过程中，企业面对着部分 BoP 消费者参与意识较弱、技能知识储备不足，以及零碎不完善的分销体系等问题，难以使产品扩散到偏远地区的 BoP 消费者群体手中，同时也会承受经费和社会声誉的压力；BoP 消费者既是朴素式创新的受众，也可以参与朴素式创新的供给，他们关注的是创新技术向产品的转化以及如何参与朴素式创新。BoP 消费者采纳朴素式创新主要体现在购买朴素式创新产品与服务、与其他利益相关者进行互动与讨论向企业传递需求意见、通过大众传媒人际网络等方式对朴素式创新产品进行宣传、监督企业行为等方式。在付出精力成本和机会成本的同时，获得了质优价廉的产品和服务，自身的需求得到满足，也收获了对朴素式创新的认识，使有关价值观和素养得到提高。但是 BoP 消费者与企业之间存在较大的信息不对称，需要政府从中调解以减少不对称；政府是主要的创新扩散活动规制者，政府需要对创新过程、利益相关者、资源、社会价值进行整合，将朴素式创新的概念与理论规范、科学实践、传播扩散、可持续发展四方面结合起来，进行规范治理，完善相关法律法规体系，协调各个行为主体，规范主体的行为，消除企业与 BoP 消费者之间的信息不对称，并通过一些约束和激励措施如税收减免、补贴罚款等，增强企业进行朴素式创新的动力。朴素式创新不仅使企业的经济收益提高，也会给政府带来社会收益。

假设2：与政府相关的假设。政府在朴素式创新扩散中的策略选择为｛规制，不规制｝，选择规制的比率为 $x(0 \leqslant x \leqslant 1)$，则不规制的比率为 $1 - x$。进行规制的过程中会付出大量的人力财力和物力成本，其为 C_1。对朴素式创新进行规制，满足了大量 BoP 消费者不同偏好需求，社会更加稳定，政府威信提高，因此，政府会产生良好的社会声誉等收益 R_1。当政府进行规制且企业采纳朴素式创新时，政府会给企业进行补贴激励 S，例如，税收减免、政府补助等（曲小瑜和宫镇东，2023），传统创新带来的（如资源过度消耗、功能过度丰富、群体消费需求未被满足等）问题会有所缓解，BoP 消费者群体在参与的情况下会获益 P；但是企业如果不采纳朴素式创新而坚持传统高精尖的创新模式，可能会对环境、生态等进行破坏造成资源的浪费，尤其是不能给社会底层消费者提供合适的产品和服务，因此，会给 BoP 消费者群体带来负外部性 D，此时政府会对企业进行惩罚 T，如碳税、罚款等，政府也会对由企业传统高精尖式创新给 BoP 消费者带来的负外部性进行补偿 K，如发放消费券、环境治理、生态恢复等。但是如果政府不作为，BoP 消费者需求长期得不到满足，不利于社会稳定，将会受到群众投诉甚至产生信任危机，由此产生政治风险 H。

假设3：与企业相关的假设。企业在朴素式创新扩散中的策略选择为｛采纳，不采纳｝，选择采纳的比率为 $y(0 \leqslant y \leqslant 1)$，则不采纳的比率为 $1 - y$。假设企业运行的基本收益为 R_2。企业采纳朴素式创新时，对一项陌生的创新模式进行学习，从初步了解到熟练掌握、生产出产品，会产生额外的成本 C_2，同时会给企业带来如成本下降、组织结构更加合理、价值链的优化、目标市场的扩大等额外的收益 B，朴素式创新在社会大范围扩散后有利于社会的安稳性和资源与环境的可持续性，从而为政府带来收益 G。

假设4：与 BoP 消费者相关的假设。BoP 消费者在朴素式创新扩散中的策略选择为｛采纳，不采纳｝，选择采纳的比率为 $z(0 \leqslant z \leqslant 1)$，则不采纳的比率

为 $1-z$。BoP 消费者采纳朴素式创新时，会通过提供劳动，参与到企业价值链中、与其他利益相关者进行互动与讨论、监督企业行为，此时所付出的精力成本和机会成本为 C_3，同时 BoP 消费者的消费需求得到满足、获得就业机会、价值观和素养得到提升由此带来的额外收益为 R_3。在企业不进行朴素式创新、政府进行规制的情况下，如果 BoP 消费者不采纳将不会获得朴素式创新带来的收益，也不会付出额外成本。

假设 5：生命周期四阶段。德马尔基等（De Marchi et al.，2022）认为，在朴素式创新生命周期各个阶段，朴素式创新的发展并不取决于一类主体，而是在多种主体（企业、政府、公司协会、科研院所、消费者等）的协作下进行，并且强调了在朴素式创新的不同阶段，主体间协作的不同作用。任梦（2020）以社会网络关系和结构将创新划分为胚胎期、孕育期、成长期、成熟期、繁衍期，认为可以通过激活不同类型的社会网络关系和结构，使得独特需求得以满足，从而驱动创新进入下一个阶段，最终完成创新。杨坤等（2021）通过参考创新阶段门径模型、责任式创新开放机制框架将责任式创新划分为新生、成长、成熟内化三个阶段。本书参考、借鉴以上作者的观点，结合朴素式创新发展特点，以主体行为为划分依据，将朴素式创新的生命周期分为四个阶段，分别为引入期、成长期、成熟期和衰退期。

在引入期，政府作为"领路人"，需要在全社会提出并倡导朴素式创新。科尔西尼等（2021）和霍辛（2021）认为，对于朴素式企业尤其是中小企业来讲，获得政府以及高影响力机构的支持（声誉支持或财政支持），是企业能够扎根并扩大规模的关键。在尚未取得政府支持前，企业出于未知的风险因素处在观望状态，加上采纳新的创新模式需要付出额外成本，因此，企业不敢轻易参与朴素式创新中去。BoP 消费者缺乏对朴素式创新的深入了解，且市场中朴素式技术和产出并不多，BoP 消费者并不能从市场中获益，参与意识也不强。因此，假设引入期各个参与主体的策略选择为 ｛规制，不采纳，不采纳｝；在成长期，政府为改变上述局面会采取一系列措施，如增加对朴素式创新企业的奖励力度，加大对传统创新造成的资源浪费、环境污染问题的惩处力度，采取面向 BoP 消费者的知识普及等措施，促使更多的企业和 BoP 消费者采纳朴素式创新。因此，假设成长期各个主体的策略选择为｛规制，采纳，采纳｝；在成熟期，随着相关法律法规的完善，企业掌握了朴素式创新的核心要领，BoP 消费者参与意识不断增强，此时朴素式创新已经成为一种"常态"，因此，政府的作用会慢慢减弱，化身守夜人，最后退出朴素式创新。因此，假设成熟期各个主体的策略选择为｛不规制，采纳，采纳｝；在朴素式创新发展的后期，随着新的、更好的创新方式出现，经济的发展使得 BoP 消费者的整体消费水平提升，低收入群体比重下降，企业难以从朴素式创新中获得利润，朴素式创新最终会淡出人们的视野，企业和 BoP 消费者也会从朴素式创新中退出。因此，假设衰退期各个主体的策略选择为｛不规制，不采纳，不采纳｝。

5.3.2　朴素式创新扩散中主体行为演化博弈模型构建

根据上述假设，可以得到三方演化博弈的收益矩阵，如表 5 - 1 所示。

表 5 - 1　　　　　　　　　　　　　　支付矩阵

策略选择		BoP 消费者	
		采纳（z）	不采纳（1 - z）
政府规制（x）	企业采纳朴素式创新（y）	$(R_1 - C_1 - S + G,$ $R_2 - C_2 + B + S,$ $R_3 - C_3 + P)$	$(R_1 - C_1 - S + G,$ $R_2 + B - C_2 + S,$ $0)$
	企业不采纳朴素式创新（1 - y）	$(R_1 - C_1 + T - K,$ $R_2 - T,$ $R_3 - C_3 - D + K)$	$(R_1 - C_1 + T,$ $R_2 - T,$ $- D)$
政府不规制（1 - x）	企业采纳朴素式创新（y）	$(G - H, R_2 + B - C_2,$ $R_3 - C_3)$	$(G, R_2 + B - C_2, 0)$
	企业不采纳朴素式创新（1 - y）	$(- H, R_2, R_3 - C_3 - D)$	$(0, R_2, - D)$

由表 5 - 1 可知，政府在选择规制与不规制策略时，其期望收益函数分别为 E_x 和 E_{1-x}，平均收益函数为 $\overline{E_1}$，则收益函数具体为：

$$E_x = yz(R_1 - C_1 - S + G) + y(1 - z)(R_1 - C_1 - S + G) +$$
$$(1 - y)z(R_1 - C_1 + T - K)$$
$$+ (1 - y)(1 - z)(R_1 - C_1 + T)$$

$$E_{1-x} = yz(G - H) + y(1 - z)G + (1 - y)z(-H)$$

$$\overline{E_1} = xE_x + (1 - x)E_{1-x}$$

由 Multhusian 动态方程可知，政府的复制动态方程为：

$$F(x) = \frac{\mathrm{d}x}{\mathrm{d}t} = x(E_x - \overline{E_1}) = x(1 - x)[R_1 - C_1 + T - y(S + T) -$$
$$z(K - H) + yzK] \tag{5-1}$$

企业在选择"进行朴素式创新"和"不进行朴素式创新"的预期收益分别为 E_y 和 E_{1-y}，平均收益函数为 $\overline{E_2}$，则收益函数具体为：

$$E_y = xz(R_2 - C_2 + B + S) + x(1 - z)(R_2 + B - C_2 + S) +$$
$$(1 - x)z(R_2 + B - C_2) + (1 - x)(1 - z)(R_2 + B - C_2)$$

$$E_{1-y} = xz(R_2 - T) + x(1 - z)(R_2 - T) + (1 - x)zR_2 + (1 - x)(1 - z)R_2$$

$$\overline{E_2} = yE_y + (1 - y)E_{1-y}$$

由 Multhusian 动态方程可知，企业的复制动态方程为：

$$F(y) = \frac{\mathrm{d}y}{\mathrm{d}t} = y(E_y - \overline{E_2}) = y(1 - y)[B - C_2 + x(S + T)] \tag{5-2}$$

BoP 消费者选择"参与"和"不参与"的预期收益分别 E_z 为和 E_{1-z}，而平均收益为 $\overline{E_3}$，则收益函数具体为：

$$E_z = xy(R_3 - C_3 + P) + x(1 - y)(R_3 - C_3 - D + K) + (1 - x)y(R_3 - C_3)$$
$$+ (1 - x)(1 - x)(R_3 - C_3 - D)$$

$$E_{1-z} = x(1 - y)(-D) + (1 - x)(1 - y)(-D)$$

$$\overline{E_3} = zE_z + (1 - z)E_z$$

由 Multhusian 动态方程可知，BoP 消费者的复制动态方程为：

$$F(z) = \frac{\mathrm{d}z}{\mathrm{d}t} = z(E_z - E_{1-z}) = \mathrm{z}(1 - z)[xy(P - K) + xK + 2yD + R_3 - C_3 - 2D]$$
$$\tag{5-3}$$

因此，由式（5-1）、式（5-2）、式（5-3）可以得到，政府、企业和

BoP 消费者的三维动态系统：

$$
\begin{cases}
F(x) = \dfrac{\mathrm{d}x}{\mathrm{d}t} = x(E_x - \overline{E_1}) = x(1-x)[R_1 - C_1 + T - y(S+T) - \\
\qquad\qquad z(K-H) + yzK] \\[2mm]
F(y) = \dfrac{\mathrm{d}y}{\mathrm{d}t} = y(E_y - \overline{E_2}) = y(1-y)[B - C_2 + x(S+T)] \\[2mm]
F(z) = \dfrac{\mathrm{d}z}{\mathrm{d}t} = z(E_z - E_{1-z}) = z(1-z)[xy(P-K) + xK + 2yD + \\
\qquad\qquad R_3 - C_3 - 2D]
\end{cases}
$$

$$(5-4)$$

5.4　朴素式创新扩散中主体行为演化博弈模型求解及分析

5.4.1　基于复制动态方程的主体策略稳定性分析

由微分方程稳定性定理可知，当 $F(x) = 0$，$\dfrac{\partial F(x)}{\partial x} < 0$；$F(y) = 0$，$\dfrac{\partial F(y)}{\partial y} < 0$；$F(z) = 0$，$\dfrac{\partial F(z)}{\partial z} < 0$ 时，政府、企业和 BoP 消费者的某个策略趋于稳定状态。

其中，

$$
\begin{cases}
\dfrac{\partial F(x)}{\partial x} = (1-2x)[R_1 - C_1 + T - y(S+T) - z(K-H) + yzK] \\[2mm]
\dfrac{\partial F(y)}{\partial y} = (1-2y)[B - C_2 + x(S+T)] \\[2mm]
\dfrac{\partial F(z)}{\partial z} = (1-2z)[xy(P-K) + xK + 2yD + R_3 - C_3 - 2D]
\end{cases}
$$

$$(5-5)$$

根据上述条件，分别对政府、企业和 BoP 消费者的策略的稳定性进行分析，并绘制三方主体的演化博弈相位图，得到以下推论：

推论1：政府的策略会受到企业以及 BoP 消费者策略选择的影响，同时还会受到政府积极规制的成本 C_1、产生的社会声誉 R_1、对企业的补贴 S 和惩罚 T、对 BoP 消费者的补偿 K 以及政治风险 H 的影响。

当 $z = \dfrac{R_1 - C_1 + T - y(S + T)}{K - H - yK}$ 时，$F(x) \equiv 0$，此时无论政府是选择规制策略还是不规制策略，也不论选择两种策略的比例是多少，其策略都是稳定的，不会随着时间的变化而变化；当 $0 \leqslant \dfrac{R_1 - C_1 + T - y(S + T)}{K - H - yK} < z \leqslant 1$ 时，$\dfrac{\partial F(x)}{\partial x}\bigg|_{x=0} < 0$，$\dfrac{\partial F(x)}{\partial x}\bigg|_{x=1} > 0$，政府的策略最终会稳定在"不规制"。如果政府转变策略而使社会声誉提高、降低参与朴素式创新的成本和对企业及 BoP 消费者的补助，加大对企业的惩处力度，此时，$0 \leqslant z < \dfrac{R_1 - C_1 + T - y(S + T)}{K - H - yK} \leqslant 1$，存在，$\dfrac{\partial F(x)}{\partial x}\bigg|_{x=0} > 0$，$\dfrac{\partial F(x)}{\partial x}\bigg|_{x=1} < 0$，政府的策略会由"不规制"转变为"规制"。图 5 – 5 为政府策略演化相位图。

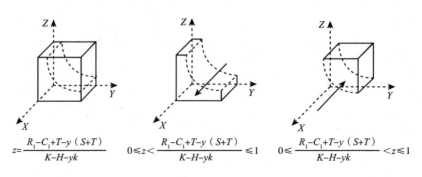

$$z = \frac{R_1 - C_1 + T - y\,(S+T)}{K - H - yk} \qquad 0 \leqslant z < \frac{R_1 - C_1 + T - y\,(S+T)}{K - H - yk} \leqslant 1 \qquad 0 \leqslant \frac{R_1 - C_1 + T - y\,(S+T)}{K - H - yk} < z \leqslant 1$$

图 5 – 5　政府策略演化相位图

推论2：企业的策略受到政府和 BoP 消费者策略的影响，同时还会受到政府的补贴 S 和惩罚 T、采纳朴素式创新的额外成本 C_2 以及朴素式创新给企业带来的收益 R_2 的影响。

当 $x = \dfrac{C_2 - B}{S + T}$ 时，$F(y) = 0$，$\dfrac{\partial F(y)}{\partial y} < 0$，此时企业不论选择什么样的策略

都不会随着时间变化。当 $0 \leq x < \dfrac{C_2 - B}{S + T} \leq 1$ 时，$\left.\dfrac{\partial F(y)}{\partial y}\right|_{y=0} < 0$，$\left.\dfrac{\partial F(y)}{\partial y}\right|_{y=1} > 0$，企业的策略最终会稳定在"不采纳朴素式创新"。若此时企业能够降低朴素式创新的额外成本、增加朴素式创新带来的额外收益，争取到政府的更多补贴和更少的惩罚，随着时间的变化，企业的策略最终会稳定在"采纳朴素式创新"，此时，有 $0 \leq \dfrac{C_2 - B}{S + T} < x \leq 1$，$\left.\dfrac{\partial F(y)}{\partial y}\right|_{y=1} < 0$，$\left.\dfrac{\partial F(y)}{\partial y}\right|_{y=0} > 0$。图 5 - 6 为企业策略演化相位图。

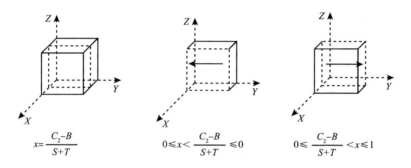

$$x = \frac{C_2 - B}{S + T} \qquad\qquad 0 \leq x < \frac{C_2 - B}{S + T} \leq 0 \qquad\qquad 0 \leq \frac{C_2 - B}{S + T} < x \leq 1$$

图 5 - 6　企业策略演化相位图

推论 3：BoP 消费者的策略受到政府和企业策略的影响，同时还会受到采纳朴素式创新的成本 C_3、收益 R_3、政府给 BoP 消费者的价值补偿 K 以及潜在风险 D 等因素的共同影响。

当 $y = \dfrac{C_3 - R_3 + 2D - xK}{x(P - K) + 2D}$ 时，$F(z) = 0$，$\dfrac{\partial F(z)}{\partial z} < 0$，BoP 消费者的策略选择不会随时间进行变化，此时，BoP 消费者的策略是稳定的。当 $0 \leq y < \dfrac{C_3 - R_3 + 2D - xK}{x(P - K) + 2D} \leq 1$ 时，$\left.\dfrac{\partial F(z)}{\partial z}\right|_{z=0} < 0$，$\left.\dfrac{\partial F(z)}{\partial z}\right|_{y=1} > 0$，BoP 消费者会选择"不采纳"朴素式创新。若此时，BoP 消费者参与朴素式创新的成本降低、参与朴素式创新给 BoP 消费者带来的收益提升，在政府给予的负的外部性补偿增加等因素的作用下，BoP 消费者的策略会由"不采纳"转变为"采纳"，此时，有 $0 \leq \dfrac{C_3 - R_3 + 2D - xK}{x(P - K) + 2D} < y \leq 1$，$\left.\dfrac{\partial F(z)}{\partial z}\right|_{z=0} > 0$，$\left.\dfrac{\partial F(z)}{\partial z}\right|_{z=1} < 0$。图 5 - 7 为

BoP 消费者策略演化相位图。

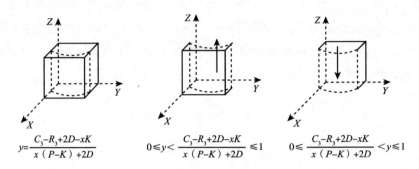

$$y = \frac{C_3 - R_3 + 2D - xK}{x(P-K) + 2D}$$

$$0 \le y < \frac{C_3 - R_3 + 2D - xK}{x(P-K) + 2D} \le 1$$

$$0 \le \frac{C_3 - R_3 + 2D - xK}{x(P-K) + 2D} < y \le 1$$

图 5 - 7 BoP 消费者策略演化相位图

5.4.2 均衡点的稳定性分析

政府、企业、BoP 消费者的博弈过程是随时间不断演进的，即三方所选择的任何策略的概率均具有时间依赖性。根据微分方程稳定性原理，当所有的动态方程都为 0 时，意味着整个动态系统将趋于稳定。三方博弈模型的均衡点可通过以下方式计算：

$$\begin{cases} F(x) = \dfrac{\mathrm{d}x}{\mathrm{d}t} = x(E_x - \overline{E_1}) = x(1-x)\big[R_1 - C_1 + T - y(S+T) - \\ \qquad z(K-H) + yzK\big] = 0 \\[2mm] F(y) = \dfrac{\mathrm{d}y}{\mathrm{d}t} = y(E_y - \overline{E_2}) = y(1-y)\big[B - C_2 + x(S+T)\big] = 0 \\[2mm] F(z) = \dfrac{\mathrm{d}z}{\mathrm{d}t} = z(E_z - E_{1-z}) = z(1-z)\big[xy(P-K) + xK + 2yD + \\ \qquad R_3 - C_3 - 2D\big] = 0 \end{cases}$$

$$(5-6)$$

可得 8 个纯策略均衡点，分别为：$E1(0, 0, 0)$、$E2(0, 1, 0)$、$E3(1, 0, 0)$、$E4(0, 0, 1)$、$E5(1, 1, 0)$、$E6(1, 0, 1)$、$E7(0, 1, 1)$ 和 $E8(1, 1, 1)$，以及 5 个混合策略均衡点，分别为：$E9(x_1, 0, z_1)$、$E10(x_2, y_2, z_2)$、$E11(x_3, 1, z_3)$、$E12(x_4, y_4, 1)$、$E13(x_5, y_5, 0)$。其中：

$$x_1 = (C_3 + 2D - R_3) / K$$

$$z_1 = -(R_1 - C_1 + T) / (H - K)$$

$$x_2 = -(B - C_2) / (S + T)$$

$$y_2 = (BK - C_2K + C_3S + 2DS + C_3T + 2DT - R_3S - R_3T) / (BK - C_2K - BP + C_2P + 2DS + 2DT)$$

$$z_2 = -(C_3S^2 + 2DS^2 + C_3T^2 - R_3S^2 - R_3T^2 + BC_1K - C_1C_2K - BC_1P + C_1C_2P + 2C_1DS + 2C_1DT - BKR_1 + BKS + C_2KR1 - C_2KS + BPR_1 - C_2PR_1 + BPT - C_2PT - 2DR_1S - 2DR_1T + 2C_3ST + 2DST - 2R_3ST) / (BK^2 - C_2K^2 - 2BHK + 2C_2HK + BHP - C_2HP - BKP + C_2KP - C_3HS - 4DHS - C_3HT - 4DHT + 2DKS + 2DKT + HR_3S + HR_3T)$$

$$x_3 = (C_3 - R_3) / P$$

$$z_3 = (C_1 - R_1 + S) / (2H - K) \quad x_4 = -(B - C_2) / (S + T)$$

$$y_4 = (H - C_1 - K + R_1 + T) / (S - H + T)$$

$$x_5 = -(B - C_2) / (S + T)$$

$$y_5 = (H - C_1 - K + R_1 + T) / (S - H + T)$$

博弈模型的均衡点是否为演化稳定策略（ESS），需要作进一步分析。在多群体演化博弈中，演化稳定策略是渐进稳定状态，当且仅当均衡点为纯策略纳什均衡时，均衡点才有可能成为演化稳定策略，而 E9 ~ E13 为混合策略，因此，仅需要分析 E1 ~ E8 8 个纯策略均衡点的渐进稳定性即可。根据 Lyapunov 法则，判断以上 8 个纯策略均衡点是否为系统的演化稳定策略，需要通过系统雅可比矩阵的特征值来验证，雅克比矩阵的所有特征值均具有负实部，则均衡点为渐进稳定点；雅克比矩阵的特征值至少有一个具有正实部，则均衡点为不稳定点；雅克比矩阵除具有实部为零的特征值外，其余特征值都具有负实部，则均衡点处于临界状态，稳定性不能由特征值符号确定。系统的雅克比矩阵为：

$$J = \begin{bmatrix} \dfrac{\partial F(x)}{\partial(x)} & \dfrac{\partial F(x)}{\partial(y)} & \dfrac{\partial F(x)}{\partial(z)} \\ \dfrac{\partial F(y)}{\partial(x)} & \dfrac{\partial F(y)}{\partial(z)} & \dfrac{\partial F(y)}{\partial(z)} \\ \dfrac{\partial F(z)}{\partial(x)} & \dfrac{\partial F(z)}{\partial(y)} & \dfrac{\partial F(z)}{\partial(z)} \end{bmatrix} = \begin{bmatrix} J_{11} & J_{12} & J_{13} \\ J_{21} & J_{22} & J_{23} \\ J_{31} & J_{32} & J_{33} \end{bmatrix} \tag{5-7}$$

其中，$J_{11} = (1 - 2x)[R_1 - C_1 + T - y(S + T) - z(K - H) + yzK]$，$J_{12} = x(1 - x)(zK - S - T)$，

$J_{13} = x(1 - x)(H - K)$，

$J_{21} = (1 - 2y)[B - C_2 + x(S + T)]$，

$J_{22} = y(1 - y)(S + T)$，

$J_{23} = 0$，

$J_{31} = (1 - 2z)[xy(P - K) + xK + 2yD + R_3 - C_3 - 2D]$，

$J_{32} = z(1 - z)[y(P - K) + K]$，

$J_{33} = z(1 - z)[x(P - K) + 2D]$。

将 E1～E8 8 个纯策略均衡点依次代入雅可比矩阵，算出所有均衡点的特征值，如表 5-2 所示。

表 5-2　　　　　　　　　　各均衡点特征值及稳定条件

均衡点	雅可比矩阵特征值			ESS 条件
	λ_1	λ_2	λ_3	
(0, 0, 0)	$R_1 - C_1 + T$	$B - C_2$	$R_3 - C_3 - 2D$	$\lambda_1 < 0; \lambda_2 < 0; \lambda_3 < 0$
(0, 1, 0)	$R_1 - C_1 - S$	$C_2 - B$	$R_3 - C_3$	$\lambda_1 < 0; \lambda_2 < 0; \lambda_3 < 0$
(0, 0, 1)	$R_1 - C_1 + T - K + H$	$B - C_2$	$C_3 + 2D - R_3$	$\lambda_1 < 0; \lambda_2 < 0; \lambda_3 < 0$
(0, 1, 1)	$R_1 - C_1 + H - S$	$C_2 - B$	$C_3 - R_3$	$\lambda_1 < 0; \lambda_2 < 0; \lambda_3 < 0$
(1, 0, 0)	$C_1 - R_1 - T$	$B - C_2 + S + T$	$R_3 - C_3 - 2D + K$	$\lambda_1 < 0; \lambda_2 < 0; \lambda_3 < 0$
(1, 1, 0)	$C_1 - R_1 + S$	$C_2 - B - S - T$	$R_3 - C_3 + P$	$\lambda_1 < 0; \lambda_2 < 0; \lambda_3 < 0$
(1, 0, 1)	$C_1 + K - R_1 - T - H$	$B - C_2 + S + T$	$C_3 + 2D - R_3 - K$	$\lambda_1 < 0; \lambda_2 < 0; \lambda_3 < 0$
(1, 1, 1)	$C_1 - R_1 + S - H$	$C_2 - B - S - T$	$C_3 - R_3 - P$	$\lambda_1 < 0; \lambda_2 < 0; \lambda_3 < 0$

推论 4：在朴素式创新引入期，当 $R_1 > C_1 - T$，$C_2 > B + S + T$，$C_3 > R_3 - 2D + K$ 时，有且仅有一个演化稳定策略 (1, 0, 0)。

根据假设 5 对朴素式生命周期四阶段的划分，在引入期，政府作为"领路人"，首先，在全社会提出并倡导朴素式创新的概念，因此，会选择规制策略。但由于这一概念较为陌生，企业出于未知的风险因素处在观望状态，加上采纳新的创新模式需要付出额外成本，因此，企业不敢轻易参与到朴素式创新

中去，此时，企业会选择不采纳朴素式创新。BoP 消费者缺乏对朴素式创新的深入了解，且市场中朴素式技术和产出并不多，BoP 消费者并不能从市场中获益，参与意识也不强，BoP 消费者会选择不采纳朴素式创新，因此，对应的演化稳定策略为（1，0，0）。当 $R_1 > C_1 - T$、$C_2 > B + S + T$、$R_3 > R_3 - 2D + K$ 时，均衡点 E1～E8 对应的雅可比矩阵特征值符号如表 5 - 3 所示。根据实部符号可以推断出，仅（1，0，0）为演化稳定策略，意味着朴素式创新的引入阶段仅有一个演化稳定状态，即政府选择规制策略，企业选择不采纳策略，BoP 消费者选择不采纳策略。

表 5 - 3　　　　　　　　引入期均衡点特征值及稳定性

均衡点	特征值（λ_1，λ_2，λ_3）			实部符号	稳定性结论
(0, 0, 0)	$R_1 - C_1 + T$	$B - C_2$	$R_3 - C_3 - 2D$	（+，-，-）	不稳定
(0, 1, 0)	$R_1 - C_1 - S$	$C_2 - B$	$R_3 - C_3$	（\，+，-）	不稳定
(0, 0, 1)	$R_1 - C_1 + T - K + H$	$B - C_2$	$C_3 + 2D - R_3$	（+，-，+）	不稳定
(0, 1, 1)	$R_1 - C_1 + H - S$	$C_2 - B$	$C_3 - R_3$	（\，-，-）	不稳定
(1, 0, 0)	$C_1 - R_1 - T$	$B - C_2 + S + T$	$R_3 - C_3 - 2D + K$	（-，-，-）	ESS
(1, 1, 0)	$C_1 - R_1 + S$	$C_2 - B - S - T$	$R_3 - C_3 + P$	（\，+，-）	不稳定
(1, 0, 1)	$C_1 + K - R_1 - T - H$	$B - C_2 + S + T$	$C_3 + 2D - R_3 - K$	（-，-，+）	不稳定
(1, 1, 1)	$C_1 - R_1 + S - H$	$C_2 - B - S - T$	$C_3 - R_3 - P$	（\，+，+）	不稳定

注：\ 表示在现有条件下，实部符号不能确定。

推论 5：在朴素式创新成长期，当 $R_1 > C_1 + S - H$、$B + S + T > C_2$、$R_3 + P > C_3$ 时，有且仅有一个演化稳定策略（1，1，1）。

根据假设 5 对朴素式生命周期四阶段的划分，在成长期，政府为改变引入期局面会采取一系列措施，如增加对朴素式创新企业的奖励力度，加大对传统创新造成的资源浪费、环境污染问题的惩处力度，采取面向 BoP 消费者的知识普及等措施，促使更多的企业和 BoP 消费者的策略由不采纳转变为采纳，因此，对应的演化稳定策略为（1，1，1）。当 $R_1 > C_1 + S - H$、$B + S + T > C_2$、$R_3 + P > C_3$ 时，均衡点 E1～E8 对应的雅可比矩阵特征值符号如表 5 - 4 所示。根据实部符号可以推断出，仅（1，1，1）为演化稳定策略，意味着朴素式创新的成长阶段仅有一个演化稳定状态，即政府选择规制策略，企业选择采纳策略，BoP 消费者选择采纳策略。

表 5 - 4 成长期均衡点特征值及稳定性

均衡点	特征值（λ_1, λ_2, λ_3）			实部符号	稳定性结论
(0, 0, 0)	$R_1 - C_1 + T$	$B - C_2$	$R_3 - C_3 - 2D$	(+, +, \ )	不稳定
(0, 1, 0)	$R_1 - C_1 - S$	$C_2 - B$	$R_3 - C_3$	(+, -, +)	不稳定
(0, 0, 1)	$R_1 - C_1 + T - K + H$	$B - C_2$	$C_3 + 2D - R_3$	(\, +, \ )	不稳定
(0, 1, 1)	$R_1 - C_1 + H - S$	$C_2 - B$	$C_3 - R_3$	(+, -, -)	不稳定
(1, 0, 0)	$C_1 - R_1 - T$	$B - C_2 + S + T$	$R_3 - C_3 - 2D + K$	(-, +, \ )	不稳定
(1, 1, 0)	$C_1 - R_1 + S$	$C_2 - B - S - T$	$R_3 - C_3 + P$	(-, -, +)	不稳定
(1, 0, 1)	$C_1 + K - R_1 - T - H$	$B - C_2 + S + T$	$C_3 + 2D - R_3 - K$	(\, +, \ )	不稳定
(1, 1, 1)	$C_1 - R_1 + S - H$	$C_2 - B - S - T$	$C_3 - R_3 - P$	(-, -, -)	ESS

注：\ 表示在现有条件下，实部符号不能确定。

推论 6：在朴素式创新成熟期，当 $R_1 + H > C_1 + S$、$B > C_2$、$R_3 > C_3$时，有且仅有一个演化稳定策略 (0, 1, 1)。

根据假设 5 对朴素式生命周期四阶段的划分，在成熟期，随着相关法律法规的完善、企业掌握了朴素式创新的核心要领、BoP 消费者参与意识不断增强，此时朴素式创新已经成为一种"常态"，因此，政府的作用会慢慢减弱，最后退出朴素式创新，政府此时的策略选择由规制转变为不规制，因此，对应的演化稳定策略为 (0, 1, 1)。当 $R_1 + H > C_1 + S$、$B > C_2$、$R_3 > C_3$时，均衡点 E1 ~ E8 对应的雅可比矩阵特征值符号如表 5 - 5 所示。根据实部符号可以推断出，仅 (0, 1, 1) 为演化稳定策略，意味着朴素式创新的成熟阶段仅有一个演化稳定状态，即政府选择不规制策略，企业选择采纳策略，BoP 消费者选择采纳策略。

表 5 - 5 成熟期均衡点特征值及稳定性

均衡点	特征值（λ_1, λ_2, λ_3）			实部符号	稳定性结论
(0, 0, 0)	$R_1 - C_1 + T$	$B - C_2$	$R_3 - C_3 - 2D$	(+, +, \ )	不稳定
(0, 1, 0)	$R_1 - C_1 - S$	$C_2 - B$	$R_3 - C_3$	(-, -, +)	不稳定

续表

均衡点	特征值（λ_1, λ_2, λ_3）			实部符号	稳定性结论
(0, 0, 1)	$R_1 - C_1 + T - K + H$	$B - C_2$	$C_3 + 2D - R_3$	(＼, +, ＼)	不稳定
(0, 1, 1)	$R_1 - C_1 + H - S$	$C_2 - B$	$C_3 - R_3$	(−, −, −)	ESS
(1, 0, 0)	$C_1 - R_1 - T$	$B - C_2 + S + T$	$R_3 - C_3 - 2D + K$	(+, +, −)	不稳定
(1, 1, 0)	$C_1 - R_1 + S$	$C_2 - B - S - T$	$R_3 - C_3 + P$	(+, −, +)	不稳定
(1, 0, 1)	$C_1 + K - R_1 - T - H$	$B - C_2 + S + T$	$C_3 + 2D - R_3 - K$	(＼, +, ＼)	不稳定
(1, 1, 1)	$C_1 - R_1 + S - H$	$C_2 - B - S - T$	$C_3 - R_3 - P$	(+, −, −)	不稳定

注：＼表示在现有条件下，实部符号不能确定。

推论7：在朴素式创新衰退期，当 $R_1 < C_1 + T$、$B < C_2$、$R_3 - 2D < C_3$ 时，有且仅有一个演化稳定策略 (0, 0, 0)。

根据假设5对朴素式生命周期四阶段的划分，在衰退期，随着新的、更好的创新方式的出现，经济的发展使得 BoP 消费者的整体消费水平提升，低收入群体比重下降，企业难以从朴素式创新中获得利润，朴素式创新最终会淡出人们的视野，企业和 BoP 消费者也会从朴素式创新中退出，策略由采纳转变为不采纳，因此，对应的演化稳定策略为 (0, 0, 0)。当 $R_1 < C_1 + T$、$B < C_2$、$R_3 - 2D < C_3$ 时，均衡点 E1~E8 对应的雅可比矩阵特征值符号如表5-6所示。根据实部符号可以推断出，仅 (0, 0, 0) 为演化稳定策略，意味着朴素式创新的成长阶段仅有一个演化稳定状态，即政府选择不规制策略，企业选择不采纳策略，BoP 消费者选择不采纳策略。

表5-6　　　　　　　　衰退期均衡点特征值及稳定性

均衡点	特征值（λ_1, λ_2, λ_3）			实部符号	稳定性结论
(0, 0, 0)	$R_1 - C_1 + T$	$B - C_2$	$R_3 - C_3 - 2D$	(−, −, −)	ESS
(0, 1, 0)	$R_1 - C_1 - S$	$C_2 - B$	$R_3 - C_3$	(−, +, −)	不稳定
(0, 0, 1)	$R_1 - C_1 + T - K + H$	$B - C_2$	$C_3 + 2D - R_3$	(−, −, +)	不稳定
(0, 1, 1)	$R_1 - C_1 + H - S$	$C_2 - B$	$C_3 - R_3$	(−, +, +)	不稳定
(1, 0, 0)	$C_1 - R_1 - T$	$B - C_2 + S + T$	$R_3 - C_3 - 2D + K$	(+, −, −)	不稳定
(1, 1, 0)	$C_1 - R_1 + S$	$C_2 - B - S - T$	$R_3 - C_3 + P$	(+, ＼, −)	不稳定

均衡点	特征值（λ_1, λ_2, λ_3）			实部符号	稳定性结论
(1, 0, 1)	$C_1 + K - R_1 - T - H$	$B - C_2 + S + T$	$C_3 + 2D - R_3 - K$	(+, −, +)	不稳定
(1, 1, 1)	$C_1 - R_1 + S - H$	$C_2 - B - S - T$	$C_3 - R_3 - P$	(+, +, +)	不稳定

注：\ 表示在现有条件下，实部符号不能确定。

5.5 基于 Lotka-Volterra 模型的朴素式创新扩散模型构建与分析

基于市场竞争角度，通过构建生物学中的 Lotka-Volterra 模型反映朴素式创新在市场中的扩散过程。市场中存在着不止一种创新，在市场容量有限的情况下，朴素式创新存在着哪些扩散模式以及这些模式存在的条件，是本节的主要研究内容。

5.5.1 Lotka-Volterra 模型介绍

有学者发现，人类社会发展过程与生物发展过程在某些方面具有高度相似性，开始将描述生物发展规律的生物学模型应用于社会经济管理问题的研究。Lotka-Volterra 模型是其中使用最为广泛的代表模型之一，该模型描述了种群在共生、寄生、竞争等不同关系下的扩散现象，鉴于该模型对扩散规律良好的解析，近年来，逐渐被用于描述经济管理中的扩散现象，适于研究知识、技术、信息等扩散过程。

在不存在天敌即竞争对手的理想状态下，事物的扩散过程可以表示如图 5-8 所示的 J 型曲线，但 J 型曲线的存在条件非常苛刻，且任何事物的扩散都会受到环境最大容量和环境阻力的制约，因此，当市场中只有一种创新产品时，其扩散过程可以用其 Verhulst 提出的 Logistic 方程来描述：

$$\frac{\mathrm{d}T}{\mathrm{d}t} = aT\left(1 - \frac{T}{K}\right) = aT - bT^2 \tag{5-8}$$

该模型的图像如图 5 - 8 所示的 S 型曲线，式（5 - 8）中的 a、b、K 均为常数，T 表示采纳创新的数量，aT 表示 T 的自然扩散能力，$-bT^2$ 表示由于市场中 T 数量的增加形成的内部抑制作用，创新扩散过程受这两种市场力的作用，最终趋向于 K 表示的市场容量。

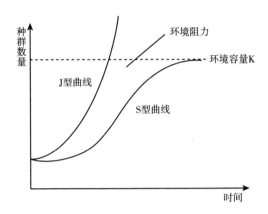

图 5 - 8　J 型曲线和 S 型曲线

在通常情况下，市场上只存在一种创新产品并不现实，一般会有多种创新产品为了夺取市场份额而同时竞争。为了描述这一现象，对上述模型进行扩展加入影响扩散过程的创新产品之间的相互作用项 $T_1 T_2$，这就是著名的 Lotka-Volterra 模型：

$$\begin{cases} \dfrac{\mathrm{d}T_1}{\mathrm{d}t} = r_1 T_1 \left(1 - \dfrac{T_1}{K_1} - \dfrac{\theta_{12} T_2}{K_1} \right) \\[3mm] \dfrac{\mathrm{d}T_2}{\mathrm{d}t} = r_2 T_2 \left(1 - \dfrac{T_2}{K_2} - \dfrac{\theta_{21} T_1}{K_2} \right) \end{cases}$$

5.5.2　扩散模型构建与求解

假设市场中存在两种创新模式：朴素式创新 T_1 和非朴素式创新 T_2；根据 Lotka-Volterra 模型，式（5 - 9）表示朴素式创新和非朴素式创新在时间 t 内的生存演化情况。

$$
\begin{cases}
\dfrac{\mathrm{d}T_1}{\mathrm{d}t} = r_1 T_1 \left(1 - \dfrac{T_1}{K_1} - \dfrac{\theta_{12} T_2}{K_1} \right) \\[3mm]
\dfrac{\mathrm{d}T_2}{\mathrm{d}t} = r_2 T_2 \left(1 - \dfrac{T_2}{K_2} - \dfrac{\theta_{21} T_1}{K_2} \right)
\end{cases}
\tag{5-9}
$$

其中，T_1 表示市场中采纳朴素式创新的主体数量；T_2 表示市场中采纳非朴素式创新的主体数量；r_1 表示政府对朴素式创新的推广力度；r_2 表示政府对非朴素式创新的监督力度；$\theta_{12} = K_1/K_2$ 表示非朴素式创新对朴素式创新的抑制系数，主要表现为企业和消费者对非朴素式创新的适应能力；$\theta_{21} = K_2/K_1$ 表示朴素式创新对非朴素式创新的替代系数，主要表现为企业和消费者对朴素式创新的支持力度；K_1 和 K_2 分别表示两种创新在现有竞争环境下的最大市场容量。

当两种创新的扩散速度为 0 时，表明两种创新扩散达到均衡，市场趋于饱和，有以下方程组成立：

$$
\begin{cases}
\dfrac{\mathrm{d}T_1}{\mathrm{d}t} = r_1 T_1 \left(1 - \dfrac{T_1}{K_1} - \dfrac{\theta_{12} T_2}{K_1} \right) = 0 \\[3mm]
\dfrac{\mathrm{d}T_2}{\mathrm{d}t} = r_2 T_2 \left(1 - \dfrac{T_2}{K_2} - \dfrac{\theta_{21} T_1}{K_2} \right) = 0
\end{cases}
\tag{5-10}
$$

此时，系统中存在四个均衡点，即 A$(0, 0)$、B$(0, K_2)$、C$(K_1, 0)$、D$\left(\dfrac{K_1(1 - \theta_{12})}{1 - \theta_{12}\theta_{21}}, \dfrac{K_2(1 - \theta_{21})}{1 - \theta_{21}\theta_{12}} \right)$。

5.5.3 扩散演化稳定状态分析

对于一种朴素式创新而言，当其未完全占领市场份额时，将受到另一种创新对其的抑制作用，当创新扩散逐渐达到均衡状态时，市场中的主体对创新的采纳能力趋于饱和，此时存在直线 L_1、直线 L_2，有：

$$
\begin{cases}
L_1 = 1 - \dfrac{T_1}{K_1} - \dfrac{\theta_{12} T_2}{K_1} = 0 \\[3mm]
L_2 = 1 - \dfrac{T_2}{K_2} - \dfrac{\theta_{21} T_1}{K_2} = 0
\end{cases}
\tag{5-11}
$$

处于直线内侧的主体数量未达到最大市场容量，所以不断增加，而处于直线外侧的主体数量降低，此时市场中将出现不同的均衡解，如图5－9所示。

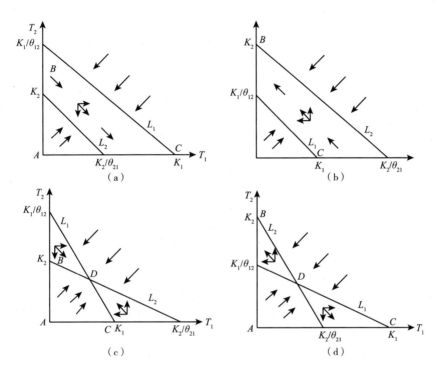

图5－9　朴素式创新扩散演化趋势

当$0 < \theta_{12} < 1$，$\theta_{21} > 1$时，有$K_1 > \dfrac{K_2}{\theta_{21}}$，$K_2 < \dfrac{K_1}{\theta_{12}}$，产生图5－9（a）的扩散现象，当市场中的扩散主体均采取采纳朴素式创新的策略时，此时朴素式创新对非朴素式创新的替代系数大，而非朴素式创新对朴素式创新的抑制系数小。在非朴素式创新已经达到最大的市场容量时，朴素式创新仍在市场中扩散，此时的扩散是一种强弱竞争作用下的扩散模式，在扩散的过程中，非朴素式创新可能失去竞争优势而退出市场，朴素式创新实现完全扩散，最终在点C（K_1，0）达到均衡。

当$\theta_{12} > 1$，$0 < \theta_{21} < 1$时，有$K_1 < \dfrac{K_2}{\theta_{21}}$，$K_2 > \dfrac{K_1}{\theta_{12}}$，此时产生图5－9（b）的扩散现象，当市场中的扩散主体均采取不采纳朴素式创新的策略时，此时朴素

式创新对非朴素式创新的替代系数小，而非朴素式创新对朴素式创新的抑制系数大。在朴素式创新已经达到最大市场容量时，非朴素式创新仍在市场中扩散，此时的扩散是一种弱强竞争作用下的扩散模式，朴素式创新可能失去竞争优势而退出市场，非朴素式创新实现完全扩散，最终稳定在点 $B(K_2, 0)$。

当 $0 < \theta_{12} < 1$，$0 < \theta_{21} < 1$ 时，有 $K_1 < \dfrac{K_2}{\theta_{21}}$，$K_2 < \dfrac{K_1}{\theta_{12}}$，此时产生图 5 - 9 (c) 的扩散现象。此时朴素式创新对非朴素式创新的替代作用和非朴素式创新对朴素式创新的抑制作用都比较小，两种创新扩散互相影响较小，各自沿均衡条件演进，在点 $D\left(\dfrac{K_1(1-\theta_{12})}{(1-\theta_{12}\theta_{21})}, \dfrac{K_2(1-\theta_{21})}{(1-\theta_{21}\theta_{12})}\right)$ 形成交集，达到演化的均衡。此时的扩散是一种弱弱竞争作用下的扩散模式，两种创新在扩散后大致处于一个共存的均衡，当竞争系数越小，共存的可能性越大。

当 $\theta_{12} > 1$，$\theta_{21} > 1$ 时，有 $K_1 > \dfrac{K_2}{\theta_{21}}$，$K_2 > \dfrac{K_1}{\theta_{12}}$，此时产生图 5 - 9 (d) 的扩散现象。此时朴素式创新扩散和非朴素式创新扩散之间具有较强的遏制作用，是一种强强竞争作用下的扩散模式。这种激烈的竞争关系会导致一方变强，另一方变弱，一段时间后双方的关系会发生转变，从而向点 B 或向点 C 进行演化。

推论 8：扩散模式在朴素式创新的引入期、成长期、成熟期为弱弱竞争作用下的扩散模式，在衰退期则为弱强作用下的扩散模式。

朴素式创新作为一种诞生于新兴市场、主要服务于金字塔底层消费群体的新型创新模式，其自身的价值主张和特征决定了朴素式创新的不可或缺性，同时也决定了其不可能完全取代非朴素式创新模式而独立存在，因此，在经济社会发展不平衡的引入、成长和成熟期，朴素式创新只能作为一种重要的、补充式的创新模式来促进社会的发展，因此，是弱弱竞争作用下的扩散模式。在朴素式创新的衰退期，经济的发展使 BoP 消费者的整体消费水平提升，低收入群体比重下降，朴素式创新成果逐渐失去市场竞争力而被其他创新成果取代，发展成弱强作用下的扩散模式。

5.6　朴素式创新扩散仿真分析

为了验证前面模型及推论的有效性，运用 MATLAB R2016b 进行数值仿真。在参考相关文献、询问专家并满足模型假设的基础上对假设参数进行赋值，以验证演化博弈模型中的演化稳定策略，并通过改变重要参数的取值来分析引起主体策略选择变化的重要因素，最后分析政府和市场主体的不同响应手段对朴素式创新在市场中扩散稳定状态的影响。

5.6.1　三方主体策略敏感性分析

1. S 的变动对三方主体策略的影响

在引入阶段，对于激励补贴 S，分别设置其数值为 3、6、7、9，仿真结果如图 5 - 10（a）所示。当 S = 3 时，政府趋向于 1，而企业和 BoP 消费者趋向于 0；当 S = 6 时，企业策略发生变动，最终稳定在 0.3 附近，补贴激励从 3 变化为 6，给企业带来的变化并不明显；当 S = 7 时，企业策略选择发生较大的变化，最终稳定在 1；当 S = 9 时，企业趋向 1 的速度略有提升，但是政府是先趋向于 1 后又变化为趋向于 0。仿真结果说明，过低的补贴激励不会激励企业选择朴素式创新，当补贴数值提高时，会刺激企业向参与朴素式创新的策略转化，但是要注意补贴带来的边际效益，补贴由 3 变为 6 给企业带来的策略的变动并不明显，但是由 6 变为 7 时，能够显著改变企业的策略选择。此外，过高的补贴会造成政府的财政负担加剧，导致政府放松规制。图 5 - 10（a）还显示出，企业对 S 的变动具有较高的敏感性，而 BoP 消费者对 S 的变动不敏感，无论 S 的取值为何，BoP 消费者都倾向于选择不采纳。

在成长阶段，设置 S 数值为 1、2、5、14，仿真结果如图 5 - 10（b）所示，进入成长期以后，政府补贴激励的效果增强，数值仅引入阶段的一半就会起到相似的作用。当 S > 2 时，会激励企业和 BoP 消费者选择采纳朴素式创新，但是过高的补贴如当 S = 14 时，政府因成本过高会选择不规制，且企业因骗补行为会造成采纳朴素式创新概率的下降。

进入成熟阶段后，分别设置 S 数值为 1、2、9，仿真结果如图 5 – 10（c）所示，尽管 S 取值较小，企业和 BoP 消费者仍会选择采纳朴素式创新，这是因为完善的创新体系已经建立起来，此时企业不需要依靠补贴激励就会自觉主动地选择朴素式创新；但是当 S 过大时，过高的补贴会造成企业的骗补行为以及 BoP 消费者的质疑，使企业和 BoP 消费者最终趋向于不采纳策略。

进入衰退期以后，设置 S 数值为 5、10、18，仿真结果如图 5 – 10（d）所示，朴素式创新逐步被社会淘汰而退出市场，此时不管补贴激励数值为何，都会使三方主体趋向于 0。

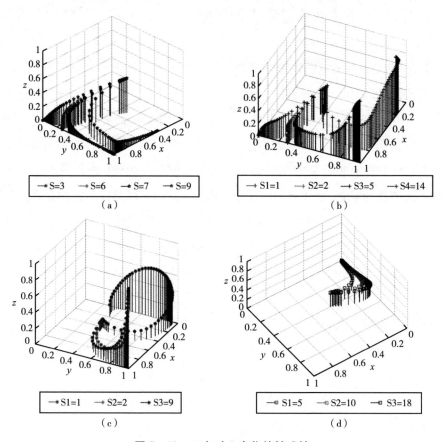

图 5 – 10　三方对 S 变化的敏感性

2. T 的变化对三方策略的影响

在引入阶段，对于惩罚 T，分别设置其数值为 3、4、5，仿真结果如图 5－11（a）所示。当 T＝3 时，企业和 BoP 消费者随着时间的推移而下降，最终稳定在 0，过低的惩罚对企业和 BoP 消费者起不到作用；当 T＝4 时，政府趋向于 1，企业稳定在 0.4 附近，BoP 消费者趋向于 0，T 的增加对企业起到一定的刺激作用，但是因为增加的幅度较小，作用并不是很明显；当 T＝5 时，政府、企业趋向于 1。仿真结果说明在引入阶段，企业对 T 具有较高的敏感性，而 BoP 消费者对 T 的变化并不敏感。较低水平的罚款对企业的刺激作用并不是很明显，只有当罚款水平提高时，才会给企业造成压力。

在成长阶段，设置 T 数值为 1、2、3、8，仿真结果如图 5－11（b）所示，当 T＝1 时，企业最终稳定在 0.4 左右，BoP 消费者稳定在 0.2 左右；但是当 T 升至 2 时，企业和 BoP 消费者会快速地向 1 演化并稳定；随着 T 升至 7 和 8，企业和政府趋向 1 的速度加快，而 BoP 消费者趋向 1 的速度却在降低。

在成熟阶段，设置 T 数值为 1、3、8，仿真结果如图 5－11（c）所示，随着 T 数值的升高，企业和 BoP 消费者趋向 1 的速度加快，但是政府却始终保持趋向于 0。在成熟阶段，BoP 消费者和企业的积极性提高，政府惩罚的效果下降，完善的创新体系已经建立起来，有关法律法规的完善健全，使得企业和 BoP 消费者策略自觉趋向于 1。

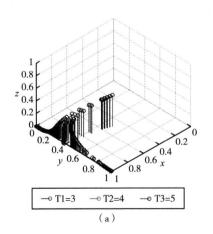

（a）

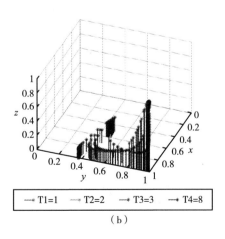

（b）

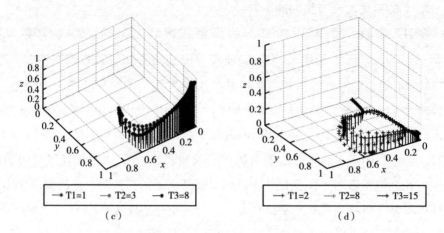

（c）　　　　　　　　　　（d）

图 5-11　三方对 T 变化的敏感性

在衰退阶段，朴素式创新逐步被社会淘汰而退出市场，企业朴素式创新的成本高于惩罚，当 T 较低时，当 T=2 时，三方均朝向 0 演化，而较高的 T 会导致政府和企业的策略选择无法稳定。

通过以上仿真可知，企业和 BoP 消费者对政府奖惩政策的敏感性会因其所处朴素式创新生命周期阶段的不同而发生变化。在朴素式创新的引入阶段，当补贴激励和惩罚上升时企业选择进行朴素式创新的速度变快、时间变短，即政府的高奖励和高惩罚会刺激企业采纳朴素式创新，但在本阶段 BoP 消费者对政府奖惩的敏感性较低，并不会采纳朴素式创新；进入成长期和成熟期，除企业之外，BoP 消费者也会随着激励和惩罚的升高而稳定在采纳朴素式的策略，并提高采纳朴素式创新的速度，且相比于引入期，政府激励和惩罚的强度下降，即政府的低奖励和低惩罚会刺激企业和 BoP 消费者采纳朴素式创新；在衰退期，奖惩的高低变化对企业和 BoP 消费者失去作用，他们最终都会稳定于不采纳朴素式创新策略。

3. C_1 的变动对政府策略选择的影响

在引入阶段，设置规制成本 C_1 的数值为 5、10、15、20、23、24，并进行仿真，仿真结果如图 5-12（a）所示。当 C_1 小于 23 时，政府最终会稳定在规制的策略，且 C_1 越小，政府趋向于 1 花费的时间越短。一旦 C_1 超过 23，政府的策略选择就会发生改变，最终稳定在不规制状态。

在成长阶段，设置规制成本 C_1 的数值为 12、16、17、22、23、24，并进行仿真，仿真结果如图 5 - 12（b）所示。当 C_1 小于 16 时，政府最终会稳定在 1，且随着 C_1 的下降，政府趋向 1 的速度越快；当大于 16 并且小于 23 时，由图 5 - 12（b）可知，政府的策略选择会产生循环波动难以稳定在某个值；一旦 C_1 大于 23，政府的策略会重新稳定下来，并向 0 演化。

在成熟阶段，设置规制成本 C_1 的数值为 5、10、13、14、15，并进行仿真，仿真结果如图 5 - 12（c）所示。当 C_1 小于 14 时，政府最终会稳定在规制的策略，且 C_1 越小，政府趋向于 1 花费的时间越短。一旦 C_1 超过 14，政府的策略选择就会发生改变，最终稳定在不规制状态。

在衰退阶段，设置规制成本 C_1 的数值为 5、12、13、14、15，并进行仿真，仿真结果如图 5 - 12（d）所示。当 C_1 小于 12 时，政府最终会稳定在规制的策略；当 C_1 大于 12 且小于 14 时，政府的策略选择会产生循环波动，难以稳定在某个值；当 C_1 大于 14 政府策略就会发生改变，最终稳定在不规制状态。

由仿真结果可知，在生命周期各阶段，随着规制成本的减少，政府进行策略选择的时间越短，且以更快的速度达到均衡，政府策略由不规制转变为规制。并且在生命周期的不同阶段，政府对 C_1 的敏感程度不同，在朴素式创新的前期（引入期和成长期），促使政府策略转变的 C_1 临界值在 23 左右，而在

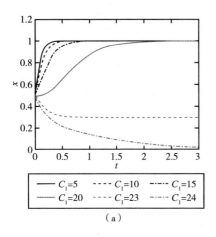

（a）

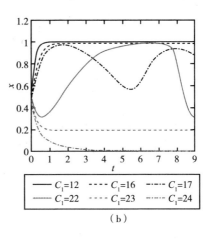

（b）

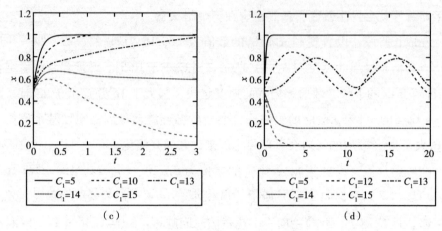

图 5 - 12　C_1 的变动对政府策略选择的影响

朴素式创新的中期、后期（成熟期和衰退期），促使政府策略转变的 C_1 临界值在 14 左右。政府规制的作用对于朴素式创新的前期扩散非常重要，即便是进行规制的成本较高，政府也会选择进行规制，但是随着市场机制的完善，政府的角色没有之前那么重要，较高的规制成本会降低政府进行规制的积极性。因此，政府在进行规制时要注意区分朴素式创新所处的阶段、控制成本在合理区间，防止出现策略循环波动、成本过高会导致政府的策略演化为不规制的情况。

4. C_2 的变动对企业策略选择的影响

在引入阶段，设置企业额外成本 C_2 的数值为 3、5、7、9、10，并进行仿真，仿真结果如图 5 - 13（a）所示。当进行朴素式创新的额外成本越小时，企业进行策略选择的时间越少，趋向稳定的速度越快。随着成本的上升，企业的反应速度变慢，一旦成本突破 9，企业就会承担不起高昂的成本，宁愿选择接受政府的惩罚也会将策略由不采纳朴素式创新演变为采纳朴素式创新。

在成长阶段，设置企业额外成本 C_2 的数值为 3、9、12、13、15，并进行仿真，仿真结果如图 5 - 13（b）所示。当 C_2 小于 12 时，C_2 越小，企业趋向于 1 的速度越快，最终稳定在采纳朴素式创新策略；当 C_2 大于 12 时，C_2 越大，企业趋向于 0 的速度越快，最终稳定在不采纳朴素式创新策略。

在成熟阶段，设置企业额外成本 C_2 的数值为 5、6、10、15、16、17，并进行仿真，仿真结果如图 5-13（c）所示。当 C_2 小于 16 时，C_2 越小，企业趋向于 1 的速度越快，最终稳定在采纳朴素式创新策略；当 $6 < C_2 < 16$ 时，企业策略处于不稳定的循环波动状态；当 C_2 大于 16 时，企业趋向于 0，最终稳定在不采纳朴素式创新策略。

在衰退阶段，设置企业额外成本 C_2 的数值为 1、2、3、4、5，并进行仿真，仿真结果如图 5-13（d）所示。当 C_2 小于 3 时，C_2 越小，企业趋向于 1 的速度越快，最终稳定在采纳朴素式创新策略；当 C_2 大于 3 时，C_2 越大，企业趋向于 0 的速度越快，最终稳定在不采纳朴素式创新策略。

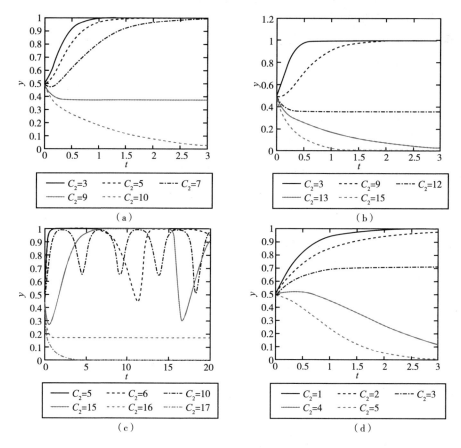

图 5-13 C_2 的变动对企业策略选择的影响

由仿真可知，在朴素式创新生命周期的不同阶段，企业对 C_2 的敏感性不同，以 $C_2 = 9$ 为例，当处于引入阶段时，9 是企业进行策略选择的分界点；但是在成长期，企业会选择采纳朴素式创新；在成熟期，企业策略难以稳定；在衰退期，企业会选择不采纳朴素式创新。

5. R_3、C_3、K、D 的变动对 BoP 消费者策略选择的影响

在引入阶段，各变量为初始值时，BoP 消费者以较快的速度达到稳定状态，最终稳定在不采纳朴素式创新。当 R_3 增加到与 C_3 相等时，政府给予的负外部性补偿 K 将显著影响 BoP 消费者的策略选择。当 K < D 时，BoP 消费者受到的潜在风险无法得到补偿，因此，仍会以较快的速度稳定在不采纳的策略；当 K = D 时，BoP 消费者受到的风险得到补偿，其趋向稳定状态的速度明显变慢，时间增长；当 K > D 时，BoP 消费者在得到风险补偿后还有额外收益，因此，会激励 BoP 消费者选择采纳策略。但是需要注意的是，过高的补偿会造成政府财政支出的增加，增加政府规制成本，降低政府参与的概率。如图 5 - 14 所示。

在成长阶段和成熟阶段，各变量为初始值时，BoP 消费者最终稳定在采纳朴素式创新。不论 K 和 D 的大小关系如何变动，BoP 消费者最终总会趋向于 1，但是当 K < D 时，BoP 消费者策略曲线会产生先下降后上升的变动，这个波动在成长期更加明显，转变的时间更长、速度更慢。

在衰退阶段，各变量为初始值时，BoP 消费者最终稳定在不采纳朴素式创新。不论 K 和 D 的大小关系如何变动，BoP 消费者最终总会趋向于 0，但是当 K > D 时，BoP 消费者策略曲线会产生先上升后下降的变动，这意味着尽管政府给予的负外部性补偿能够弥补 BoP 消费者受到的潜在风险，但此时的朴素式创新已经无法给 BoP 消费者带来利益，不能满足 BoP 消费者的需求，因此，BoP 消费者仍然会选择不采纳策略。

综上所述，在引入期间，K 的设置对于 BoP 消费者策略的选择至关重要，而在另外三个阶段，K 的作用并不会起到决定性作用，只能改变 BoP 消费者策略稳定的速度。因此，政府应重视引入期间 K 的设置，保证 K 在合理补偿区间，既能使 BoP 消费者的潜在风险能够得到补偿，又避免过高的补偿会造成政府财政支出的增加，增加政府规制成本。

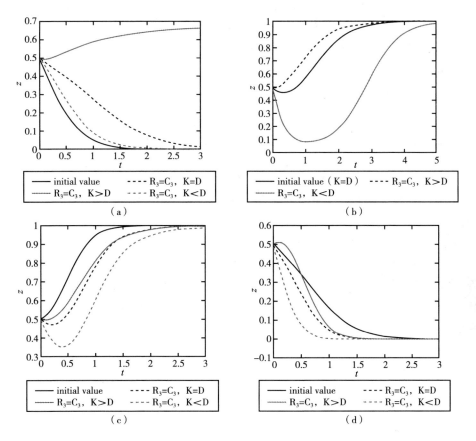

图 5－14　R_3、C_3、K、D 的变动对 BoP 消费者策略选择的影响

5.6.2　全生命周期演化稳定策略仿真分析

1. 引入阶段

设置引入阶段参数初始值，$R_1 = 20$、$C_1 = 9$、$S = 5$、$T = 3$、$H = 2$、$C_2 = 10$、$B = 1$、$P = 2$、$K = 2$、$D = 2$、$R_3 = 3$、$C_3 = 5$，使其满足引入期 ESS 条件：$C_1 - R_1 - T < 0$、$B - C_2 + S + T < 0$、$R_3 - C_3 - 2D + K < 0$。假设三方主体初始时均有 0.5 的初始概率进行不同策略的选择，主体策略随时间的演化轨迹如图 5－15（a）所示。若改变三方主体的初始概率，假设三方主体的初始概率从 0.1 开始，每隔 0.2 仿真一次，结果如图 5－15（b）所示。

由图 5 - 15 可知，朴素式创新在政府中充分扩散，但是并没有在企业和 BoP 消费者中扩散。为满足新兴市场大量 BoP 群体的消费需求，同时突破资源、技术束缚，政府作为领路人引入朴素式创新并在社会中进行推广，以较快的速度达到均衡并且选择了规制策略；对于其他利益相关者，由于对新兴未知事物缺乏充分了解，且相关的法律体系尚未完善，出于风险、创新路径依赖等因素不敢轻举妄动，企业最终以最慢的速度到达均衡，选择了采纳非朴素式创新策略；BoP 消费者早于企业达到均衡，最终也稳定在不采纳朴素式创新策略，并且在改变政府、企业和 BoP 消费者的初始参与意愿后，最终的演化结果均不会突变。

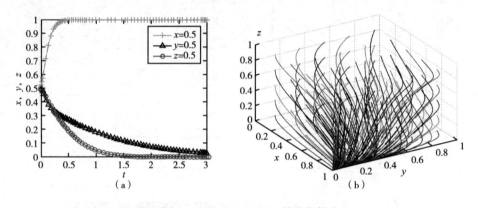

图 5 - 15 ESS（1，0，0）的演化轨迹

2. 成长阶段

设置成长阶段参数初始值，$R_1 = 20$、$C_1 = 9$、$S = 6$、$T = 3$、$H = 2$、$C_2 = 10$、$B = 3$、$P = 2$、$K = 2$、$D = 2$、$R_3 = 5$、$C_3 = 5$，满足成长期 ESS 条件：$C_1 - R_1 + S - H < 0$、$C_2 - B - S - T < 0$、$C_3 - R_3 - P < 0$。假设在成长阶段三方主体初始时均有 0.5 的初始概率进行不同策略的选择，主体策略随时间的演化轨迹如图 5 - 16（a）所示。若改变三方主体的初始概率，假设三方主体的初始概率从 0.1 开始，每隔 0.2 仿真一次，结果如图 5 - 16（b）所示。

由图 5 - 16 可知，朴素式创新在政府、企业和 BoP 消费者中充分扩散。政府以极快的速度到达均衡，最终稳定在规制策略；BoP 消费者和企业最终也稳定在采纳朴素式创新策略，但 BoP 消费者的上升速度明显大于企业的上升速度，且企业演化趋势是先下降到 0.46 附近后上升。出现这一现象的原因可能为在引入期政府大力的推广下，BoP 消费者对朴素式创新有了进一步的了解，积极采纳到朴素式创新，企业在政府和 BoP 消费者的双重压力下，策略由不采纳转变为采纳。在本阶段，政府进行规制的收益大于成本，企业和 BoP 消费者采纳朴素式创新的收益大于成本，无论政府、企业和 BoP 消费者的初始参与意愿为何值，其策略都会随时间向（1，1，1）演化。

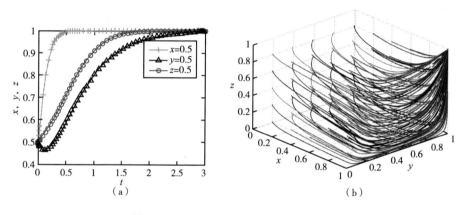

图 5 - 16　ESS（1，1，1）的演化轨迹

3. 成熟阶段

设置成熟阶段参数初始值 $R_1 = 20$、$C_1 = 15$、$S = 8$、$T = 3$、$H = 2$、$C_2 = 6$、$B = 5$、$P = 2$、$K = 2$、$D = 2$、$R_3 = 5$、$C_3 = 4$，满足成熟期 ESS 条件：$R_1 - C_1 - S + H < 0$、$C_3 - R_3 < 0$、$B - C_2 < 0$。假设三方主体在初始时均有 0.5 的初始概率进行策略的选择，仿真结果如图 5 - 17（a）所示。若改变三方主体的初始概率，假设三方主体的初始概率从 0.1 开始，每隔 0.2 仿真一次，结果如图 5 - 17（b）所示。

由图 5 - 17 可知，朴素式创新在企业和 BoP 消费者中充分扩散。政府在成熟阶段演化轨迹为先上升，后又下降，最后稳定在不规制策略；企业以较快的速度到达均衡，最后稳定在采纳朴素式创新；BoP 消费者以慢于企业的速度到达均衡，最终也稳定在采纳朴素式创新策略。进入成熟期以后，相关的政策和法律法规趋于完善，朴素式创新路径已经被企业所熟知，BoP 消费者为满足消费需求以及素养和价值观的提升也普遍采纳朴素式创新。因此，政府无须再进行过多干预，逐步退出，由自由市场自行决定资源分配，BoP 消费者的积极参与以及对朴素式创新产品的需求也促使企业持续投入朴素式创新中，并且无论政府、企业和 BoP 消费者的初始参与意愿如何，最终的演化结果均不会突变，是一种比较理想的扩散状态。

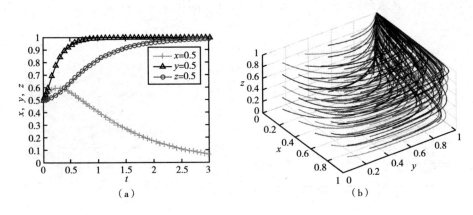

图 5-17 ESS（0，1，1）的演化轨迹

4. 衰退阶段

设置衰退阶段参数初始值 $R_1 = 13$、$C_1 = 15$、$S = 2$、$T = 1$、$H = 2$、$C_2 = 5$、$B = 3$、$P = 2$、$K = 2$、$D = 1$、$R_3 = 2$、$C_3 = 3$，满足衰退期 ESS 条件：$R_1 - C_1 + T < 0$、$B - C_2 < 0$、$R_3 - C_3 - 2D < 0$。假设三方主体在初始时均有 0.5 的初始概率进行策略的选择，仿真结果如图 5-18（a）所示。若改变三方主体的初始概率，假设三方主体的初始概率从 0.1 开始，每隔 0.2 仿真一次，结果如图 5-18（b）所示。

在朴素式创新衰退阶段，经济社会得到发展，人民生活富裕，消费水平逐渐提高，BoP 群体比例减少，越来越多的 BoP 消费者追求更高品质的生活，因而朴素式创新所生产的产品不能满足人们的需求。加之更优的创新方式出现，使朴素式创新给社会各个利益相关者带来的收益减少，因此，朴素式创新逐步被社会淘汰而退出市场。由图 5-18 可知，政府、企业和 BoP 消费者均到达均衡选择了不规制和不采纳朴素创新的策略。并且无论政府、企业和 BoP 消费者的初始参与意愿如何，最终的演化结果均向（0，0，0）演化。

通过以上仿真可知，朴素式创新生命周期的四个不同阶段对应着四个不同的演化稳定均衡策略。在朴素式创新的引入期，有且仅有一个演化稳定策略（1，0，0）；在朴素式创新成长期，有且仅有一个演化稳定策略（1，1，1）；在朴素式创新成熟期，有且仅有一个演化稳定策略（0，1，1），有且仅有一个演化稳定策略（0，0，0）。

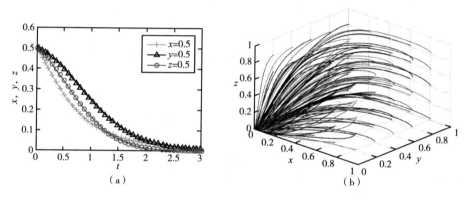

图 5 – 18　ESS（0，0，0）的演化轨迹

5.6.3　基于 Lotka-Volterra 模型的朴素式创新扩散模型仿真分析

基于前面构建的朴素式创新市场扩散模型，运用 MATLAB 仿真来分析朴素式创新生命周期不同阶段中政府和市场主体的不同响应手段对朴素式创新在市场中扩散稳定状态的影响。假设两种市场创新的最大市场容量为 500，周期为 200 个时间单位，具体演化轨迹如图 5 – 19 所示。

图 5 – 19（a）为引入期演化轨迹，在最初阶段，朴素式创新作为一种新的创新模式开始出现，但此时政府追求的还是创新效益，因此，对朴素式创新的推广力度不会超过其他的创新模式，即 $r_1 = 0.3$，$r_2 = 0.7$，并且非朴素式创新产品大量占领市场，而朴素式产品较少，主体缺乏对朴素式创新的了解，因此，市场主体对非朴素式创新的适应能力较强，但是对朴素式创新的支持力度

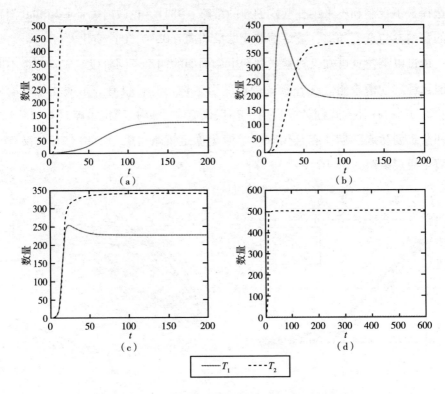

图 5 - 19 不同效应手段影响下朴素式创新扩散效果

较低，即 $\theta_{12} = 0.8$、$\theta_{21} = 0.2$。因此，非朴素式创新大量占领市场，而朴素式创新扩散有限，两种创新模式共存于市场，属于弱弱竞争作用下的扩散模式。随着非朴素式创新产生的负外部性，例如，高精尖式创新对环境、生态等进行破坏造成资源的浪费，尤其是不能给社会底层消费者提供合适的产品和服务，政府不得不考虑经济、社会和环境的可持续发展，开始倡导朴素式创新。

在成长阶段，政府对朴素式创新的推广力度提高，即 $r_1 = 0.6$、$r_2 = 0.4$。随着朴素式创新的普及，市场主体对非朴素式创新的支持力度提升，即 $\theta_{12} = 0.8$、$\theta_{21} = 0.6$，演化轨迹如图 5 - 19（b）所示。朴素式创新在政府推广和市场主体的支持下，迅速扩散接近最大市场容量后逐渐降低并产生了扩散拐点，随着时间的演进，朴素式创新的市场占比仍然小于非朴素式创新，但是较引入期有了较大的提升，此阶段两种创新模式共存于市场，属于弱弱竞争作用下的扩散模式。

在成熟阶段，随着相关法律法规的完善、企业掌握了朴素式创新的核心要领，BoP 消费者参与意识不断增强，此时朴素式创新已经成为一种"常态"，政府对朴素式创新的推广力度有所下降，但是市场主体对朴素式创新的支持力度会有所提升，因此，在本阶段，设 $r_1 = 0.5$、$r_2 = 0.5$、$\theta_{12} = 0.8$、$\theta_{21} = 0.7$，演化轨迹如图 5 - 19（c）所示，朴素式创新在市场上进一步扩散，扩散效率相较于成长阶段进一步提高，非朴素式创新的市场被挤占，扩散效率下降，此阶段两种创新模式共存于市场，属于弱弱竞争作用下的扩散模式。

在衰退阶段，随着新的、更好的创新方式的出现，经济的发展使消费者的整体消费水平提升，低收入群体比重下降，企业难以从朴素式创新中获得利润，朴素式创新最终会淡出人们的视野，政府对朴素创新的推广力度下降，市场主体对朴素式创新的支持力度下降，转而支持非朴素式创新。因此，在本阶段，设 $r_1 = 0.2$、$r_2 = 0.8$、$\theta_{12} = 0.9$、$\theta_{21} = 0.2$，扩散轨迹如图 5 - 19（d）所示，非朴素式创新几乎占领所有市场容量，朴素市场占比大幅降低直至消失，属于强弱竞争作用下的扩散模式。

由图 5 - 19（a）～图 5 - 19（d）对比可知，扩散的最终均衡状态与竞争系数 θ 相关，当 θ_{12} 和 θ_{21} 都小于零时，朴素式创新和非朴素式创新共存于市场，当 $\theta_{12} > 0$、$\theta_{21} < 0$ 时，朴素式创新从市场中退出，推论 8 得以验证；扩散产生的拐点和达到均衡状态的时间与 r 相关。随着 r 的增大，扩散产生拐点的时间和达到均衡状态的时间越短，且 r_1 和 r_2 的差额越大，双方的扩散差距也越大。

5.7　研究结果分析

（1）根据三方主体策略稳定性分析可知，在朴素式创新扩散过程中，主体的策略采纳并不是独立、一成不变的，而是在时间的流逝下发生变化，具有互动性和协同作用。政府的策略会受到企业以及 BoP 消费者策略选择的影响，同时还会受到积极规制的成本 C_1、产生的社会声誉 R_1、对企业的补贴 S 和惩罚 T、对 BoP 消费者的补偿 K 以及政治风险 H 的影响；企业的策略受到政府和 BoP 消费者策略采纳的影响，同时还会受到政府的补贴 S 和惩罚 T、采纳朴素式创新的额外成本 C_2 以及朴素式创新给企业带来的收益 R_2 的影响；BoP 消费者的策略受到政府和企业策略采纳的影响，同时还会受到采纳朴素式创新的成本 C_3、收益 R_3、政府给 BoP 消费者的价值补偿 K 以及潜在风险 D 等因素的共同影响。

（2）在满足特定条件下，朴素式创新生命周期的四个不同阶段对应着四个不同的演化稳定均衡策略。在朴素式创新的引入期，当 $R_1 > C_1 - T$、$C_2 > B + S + T$、$C_3 > R_3 - 2D + K$ 时，有且仅有一个演化稳定策略（1，0，0），此时朴素式创新在政府中扩散，但是在并没有在企业和 BoP 消费者群体中扩散；在朴素式创新成长期，当 $R_1 > C_1 + S - H$、$B + S + T > C_2$、$R_3 + P > C_3$ 时，有且仅有一个演化稳定策略（1，1，1），此时三方主体均选择采纳策略，朴素式创新实现在三方主体中的扩散；在朴素式创新成熟期，当 $R_1 + H > C_1 + S$、$B > C_2$、$R_3 > C_3$ 时，有且仅有一个演化稳定策略（0，1，1），此时朴素式创新仅在企业和 BoP 消费者中扩散；在朴素式创新衰退期，当 $R_1 < C_1 + T$、$B < C_2$、$R_3 - 2D < C_3$ 时，有且仅有一个演化稳定策略（0，0，0），此时朴素式创新从市场中消失。

（3）政府和企业对成本的变化具有较高的敏感性。随着政府规制成本的减少，政府以更快的速度到达均衡，策略由不规制转变为规制；同样，当进行朴素式创新的额外成本越小时，企业进行策略选择的时间越少，趋向稳定的速度越快，策略由采纳朴素式创新演变为不采纳朴素式创新。另外，在生命周期的不同阶段，相同的取值对参与主体会有不同的作用效果。

（4）负外部性补偿的设置对于 BoP 消费者策略的选择至关重要。在朴素式创新引入期，当 BoP 消费者受到的潜在风险无法得到补偿时，BoP 消费者会以较快的速度稳定在不采纳的策略；BoP 消费者受到的风险得到补偿，其趋向不采纳策略的速度明显变慢，时间增长；BoP 消费者在得到风险补偿后还有额外收益，会选择采纳策略。在成长期和成熟期，负外部性补偿变化对 BoP 消费者最终的策略选择并不会起到决定性作用，BoP 消费者最终都会稳定在采纳策略，但是会改变 BoP 消费者策略稳定的速度。在衰退期，无论负外部性补偿取何值，BoP 消费者都会选择不采纳朴素式创新。

（5）在市场容量有限和存在竞争对手的情况下，朴素式创新在市场中存在四种可能的扩散模式：强弱竞争作用下的扩散、弱强竞争作用下的扩散、弱弱竞争作用下的扩散、强强竞争作用下的扩散。扩散的最终均衡状态与竞争系数 θ 相关，在朴素式创新的成长、引入和成熟期，θ_{12} 和 θ_{21} 都小于零，为弱弱竞争作用下的扩散模式，在朴素式创新的衰退期，$\theta_{12} > 0$，$\theta_{21} < 0$，为弱强竞争作用下的扩散模式；扩散产生的拐点和达到均衡状态的时间与 r 相关，随着 r 的增大，扩散产生拐点的时间和达到均衡状态的时间越短，且 r_1 和 r_2 的差额越大，双方的扩散差距也越大。

第6章

企业朴素式创新的政策组合研究

本章节的研究思路是：在目前有关创新政策和环境政策理论基础的背景下，将创新政策分为供给型创新政策和环境型创新政策，将环境政策分为命令控制型环境政策和市场激励型环境政策，从政策组合的联动匹配视角，深入探明多种政策的不同组态对朴素式创新的作用路径，进而提出小微企业朴素式创新的政策制定思路。

6.1 创新政策对企业朴素式创新的影响

创新政策是政府以解决企业创新不足导致的市场失灵，激励企业进行创新研发为目的而采取的政策。它的产生源于熊彼特提出的创新理论，即创新是现代经济发展的核心动力。为了实现提高国家综合创新能力、促进国家经济增长的目标，政府经常采取创新政策。一般来说，创新政策是一个国家政府采取的综合性政策体系，其中涵盖了直接或间接促进企业研发和创新生产的各种措施，涉及教育、金融、法律、商业等方面。本书研究的问题侧重于企业层面，即政府采取各种政策以更好地引导企业研发活动的方向或规范企业创新行为的速度。政府主要采用供给型创新政策和环境型创新政策这两种创新型政策，以推动企业创新，所以本书也从这两个方面进行相关研究。

鉴于创新具有较强的外部性和高风险性，政府在一定程度上成为推动企业创新的重要力量。在创新政策方面，政府为达到降低企业在创新活动过程中的风险的目的，在支持企业创新的方面实施了一系列的创新政策，其中采取的最主要的创新政策类型是供给型创新政策和环境型创新政策（张永安，2015）。在供给型创新政策中，研发补贴所占比例最大，在环境型创新政策中，税收优惠占比例最大。因此，本书研究供给型创新政策和环境型创新政策的效果，并选择目前刺激创新的两个最重要的政策工具：研发补贴和税收优惠。

来自政府的供给型创新政策能够给予企业足够的资源支持，从而降低其研发活动所面临的风险，还能弥补部分企业在创新研发投资过程中存在的资金不足情况，使其创新产出能够达到最优，而且由于朴素式创新对成本的要求更高，所以理论上政府的供给型创新政策会对其有更大的帮助。一方面，政府的研发补助会降低企业的创新研发成本，这在一定程度上刺激部分企业进行研发创新行为，进一步提升了朴素式创新的参与度，丰富了企业的创新产出，使得朴素式创新得以更好地发展。另一方面，政府研发补助往往会被计入企业收入，使得企业的盈利增加，这又会促使企业将更多的资金投入研发创新活动中，可以缓解企业朴素式创新由于资金困难而导致的局限性，加快其研发速度。然而政府的供给型创新政策也存在弊端，由于其主要是由政府来主导的，企业可能会为了谋求补助而将朴素式创新本身所需的少量资金投入特定生产活动中，这会导致企业的自主选择性减少，市场的资源配置也在一定程度上被扭曲。

与政府供给型创新政策得到直接和快速的效果相比，环境型创新政策在短时间内很难发挥作用，实施所需的时间也较长，但可以避免政府资助造成的资源配置扭曲和有失公允。政府环境型创新政策所采取的税收优惠政策范围更广，它面向所有参与研发活动的企业，在资源分配方面更加公平，在一定程度上缓解朴素式创新对企业产生的财务负担，刺激更多企业进行朴素式创新活动，提升其创新产出。但税收优惠也有不足之处，税收优惠比政府补贴在可控性方面存在不足，短期效应较小，响应所需的时间相对较长。同时环境型创新政策在纳税较多的大型企业能发挥更大的作用，但从现实情况看，企业朴素式创新的研发资金方面存在更大的缺口，拥有更大的税收优惠的需求。

上述分析表明，供给型创新政策与环境型创新政策对企业的朴素式创新能起到的作用存在激励和抑制两方面，对于企业，供给型创新政策与环境型创新政策可以对企业创新活动起到支持作用，使企业在市场竞争中获得优势地位，进一步促进企业朴素式创新的发展。政府的创新政策支持，不仅可以缓解企业朴素式创新过程中存在资金不足问题，还可以鼓励更多投资者将目光投向企业朴素式创新模式，为企业的资金支持带来更多的机会，刺激企业开展研发创新活动。但过强的政策优惠反而使企业在朴素式创新过程中产生一定的依赖性，对于企业的发展是不利的，此外，由于不同的企业有不同的情况，"一刀切"的创新政策有时反而会对企业的朴素式创新行为造成逆向激励作用，抑制企业的研发创新活动。

6.2 环境政策对企业朴素式创新的影响

本书的环境政策就是所谓的环境规制。早期人们对环境规制的理解主要停留在政府直接干预生态环境。后来，对环境规制的概念进行了进一步的补充，将环境税和押金返还的方法逐渐在环境规制政策中应用，在政府制定的行政法规以外，还有一些经济措施。自20世纪90年代以来，环境政策逐渐扩展为三种类型：命令控制型环境政策、基于市场的激励性环境政策和自愿环境政策。可以看出，关于环境规制的概念，学术界的认识经历了一个从模糊、不完善到逐步系统完善的过程。本书所称的环境政策，是指政府根据当前经济和环境的发展，从可持续发展的角度制定相应的政策、制度、法规等，更好地解决环境污染问题，保护生态环境，进而促进经济与环境的和谐发展。

从传统的观点来看，环境政策会使得企业生产成本增加，从而导致企业朴素式创新发展困难，不利于企业进行朴素式创新行为，然而这种影响仅是其在短期内可能造成的。波特等（Porter et al.，1991）对环境政策在长期情况下对企业创新的影响，认为合理的环境政策对企业创新行为有一定的促进作用，在一定程度上提高了企业的生产能力，从而抵消环境规制成本并且改善企业的市场份额和盈利水平，这就是"波特假说"。环境政策主要指政府对于企业在环境保护方面的压力，作为政府向企业施压的重要方式，其对企业创新活动有着非常重要的影响。这影响并不是简单的促进或抑制左右，而是更为复杂的影响，既有积极的影响，也有消极的影响。基于相关研究，将我国的环境政策分为两类，即显性环境规制和隐性环境规制，其中，显性环境规制包括命令控制型环境规制、市场激励性环境规制和自愿性环境规制三类。其中，考虑到研究数据的可获取性，本书主要研究显性环境规制的影响，另外，由于自愿型环境政策较难测量，在本书研究中，将我国的环境政策分为两类：命令控制型环境政策和市场激励型环境政策。

首先，命令控制型环境政策可能促进企业朴素式创新。企业承担环保成本后，希望通过增加企业利润抵消环境政策带来的环保成本，实现节约资源和循环利用资源的双重目标，这促进了企业以技术创新的方式提高企业产品的生产效率，这在一定程度上推动了企业朴素式创新的发展。蒋伏心等（2020）分析了环境监管的双重效应，认为当环境保护成本持续增加时，会出现一种"逆向力量机制"，迫使企业进行技术创新，提高效率、节能减排，并保持利润率。研究表明，由环境规制导致的污染控制成本与有关环境方面的专利数量存在显著的正相关关系，污染控制成本增加，环境专利数量也随之增加。在命令控制型环境政策作用下，企业产生的成本能否对企业创新有促进作用，是环境保护成本存在的抑制影响和环境保护成本刺激的企业创新的促进影响共同作用的结果。此外，命令控制型环境政策通常对新进入者实施更严格的环境和技术标准，以消除公司数量增加可能造成的加速环境损害，为应对更为严格的标准，在这种环境要求下，为企业进行朴素式创新增加了更多的可能性。其次，命令控制型环境政策也可能抑制企业朴素式创新。由于环境规制所增加的环保成本会占用企业创新资金。当企业自身承担较多环保成本时，会大量挤占企业创新资金，从而弱化了企业创新的动力，从而减缓企业的朴素式创新。贾菲等（Jaffe et al.，1995）认为，由于环境保护导致的企业成本，会对企业创新生产能力和企业竞争力的提升有抑制作用。

市场激励型环境政策对企业朴素式创新的影响同样存在促进和抑制两个方面。一方面，补贴、税收和排污权交易是市场激励型环境规制的重要手段，它们不仅在影响企业成本的供给端方式来影响企业的朴素式创新，可以用于产品的需求侧，通过需求的变化来刺激企业的朴素式创新活动。在节能减排方面，政府为低能耗产品的购买者提供税收优惠或补贴，这促进低能耗、低排放产品逐渐替代高能耗、高污染产品，增强其灵活性，可持续地进行发展，并通过市场激励型环境政策改变市场需求，从侧面引导企业进行朴素式创新，逐步将产品转变为环境友好型产品。另一方面，市场激励型环境政策认为，环境是生产要素的一种，以变化环境要素的价格的方式，对影响企业的成本或收益进行改变，进而影响企业的朴素式创新。排污税税率反映了使用环境因素企业的边际外部成本，是政府为使用环境因素所产生的边际外部成本设定的价格。此时，污染税率价格高低对企业使用环境因素的成本有决定性作用。当环境因素的成本占用企业的研发资金时，会阻碍企业创新，这与命令控制型环境政策的作用相似。

综合以上分析可以发现，环境政策对企业朴素式创新具有正向和负向两种效应。

6.3 创新政策和环境政策组合
对企业朴素式创新的影响

自"政策组合"这一概念被提出后，越来越多的学者探究政策组合如何协调联动促进企业发展（Karoline and Kristin，2016）。一些学者将"政策组合"定义为多个政策的结合体，本木明等（Benjamin et al.，2018）利用研发投资模型证实本国跨领域间政策组合的联动效果有助于当地经济的发展。朴素式创新多发生在企业中，是指通过廉价有效的工具、流程和技术解决问题，以实现企业价值增值和生产边界扩大的过程（Oly，2021）。在研究朴素式创新政策组合方面，班得瑞等（Bhaduri et al.，2018）基于可持续农村生计和基层创新提出应当跨部门制定政策，政策组合有助于形成朴素思维。陆等（Lu et al.，2020）采用多重案例分析的方式，证实企业实施朴素式创新与其所处的政策环境密切相关。布翁奎等（Boon-Kwee et al.，2019）根据马来西亚案例，证实多项政策组合为基层创新者提供了帮助，可以使社会获得更大的收益。

政策组合对于减少市场失灵、减少单一政策实施过程中导致的高成本、促进创新、最大限度地发挥政策的激励作用等方面起到了一定作用。也就是说，可以通过政策工具以"组合"的形式增强单一政策的正效应，改善单一政策的负效应，并通过政策组合内的均衡性、动态性和系统性来促进创新。政策组合具有协同效应，具体表现为以下三个方面：正协同效应、负协同效应以及无协同效应。实际上，创新政策、环境政策和对企业朴素式创新的影响并非简单的线性关系。从以往学者的研究结果来看，创新政策和环境政策的组合对企业朴素式创新的不同维度，可能有促进和抑制两方面的作用。一方面，增加政府支持创新的政策，同时加大环境规制的力度，企业会在降低了创新研发成本的同时，由于严格的环境规制和政府为了环境而给予一些补贴支持，使企业更愿意去进行低成本的企业创新，也就是朴素式创新。在各方面的支持下，企业更愿意去拓展新的创新路径，而不仅局限满足于现状。这在一定程度上促进了企业进行朴素式创新。另一方面，政府的补助及税收优惠若不足以填补因为严格的环境规制产生的罚款和环保成本，无法弥补这一部分成本的情况下，企业研发成本增加，企业的经营生存会受到影响，这很可能导致企业会放弃进行朴素式创新，而加大力度去生产利润高的产品，这极大地抑制了企业实施朴素式创新。

综合以上分析可以发现，创新政策和环境政策的组合对企业朴素式创新的影响可能是促进的，也可能是抑制的，所以需要进一步地研究检验来确定。

政策组合对企业朴素式创新影响的理论模型如图6-1所示。

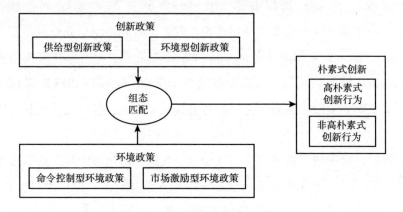

图 6 - 1　政策组合对企业朴素式创新影响的理论模型

6.4　政策组合对企业朴素式创新影响的研究设计

6.4.1　模糊集定性比较分析（fsQCA）

模糊集定性比较分析（fsQCA）是一种定性和定量相结合的方法，通过探索产生某个结果变量的必要条件、充分条件和多个条件组态，识别变量之间的多个并发因果关系（而非相关性）。对于 fsQCA 方法，4～7 个的前因变量较为合适，不应过多。本书选择 fsQCA 方法进行研究有两个主要原因：（1）fsQCA 方法可以研究多个条件变量的结合对结果变量的综合影响，而且可以弥补传统的统计方法，如线性回归和结构方程，很难研究四个及以上条件变量之间的相互作用，从而形成一个导致该现象发生的复杂问题。本书重点研究了供给型创新政策、环境型创新政策、命令控制型环境政策和市场激励型环境政策四个前因变量的组态对企业朴素式创新的影响，适合采用 fsQCA 方法进行研究。（2）fsQCA 方法可以揭示因果不对称性，也就是说，前因条件 A 和前因条件 B 的组态效应对结果变量是正的，但当前因条件 A 与另一前因条件 C 结合时，对结果变量的影响可能是负的。fsQCA 方法可以帮助本书探索在何种情况下，某一前因条件会对企业朴素式创新产生积极影响，在何种情况下，其会产生抑制作用。因此，本书四个条件变量之间的组合路径对朴素式创新的影响，适用 fsQCA 方法来进行。此外，fsQCA 方法对样本数量和数据源的要求较低，对大、中、小样本的案例分析都适用。

一般来说，使用模糊集的定性比较分析方法包括以下五个步骤：第一步是确定结果变量和前因变量。研究者结合理论知识和实践经验，组织和分析所选样本案例，并确定结果变量和前因变量。第二步是必要性分析和校准变量。首先，对每一前因变量和结果变量进行必要性分析。变量为必要条件的标准是其一致性大于 0.9，这种情况产生后，应在后续的真值表构建中将其剔除。其次，根据理论知识和案例的实际情况确定三个定性的锚定点，运行 fsQCA3.0 软件程序对变量进行校准。第三步是真值表构建。该程序列出了所有可能的由不同的前因条件构成的不同变量组合。然后我们需要设置一致性评分阈值和频数阈值筛选案例。一致性得分大于或等于临界值的前因组合被视为结果的模糊子集，并被编码为"1"，其他组合被编码为"0"，因此，得到了经简化后的真值表。第四步是运营分析。使用软件 fsQCA3.0 中的程序。为了对真值表进行标准分析，程序分析生成复杂解、简单解和中间解这三种解。简单的分析意味着，当研究者确信前因条件中包含"逻辑余项"时，该构型能否不受"逻辑余数"的影响而达到解释结果的目的，此时，可以简化条件组合，将"逻辑余项"移除构型。困难分析意味着研究者对"逻辑余项"的存在与否并不确定，并且根据现有案例数据，不能证明如果移除该条件，构型可能无法达到需要解释的结果，那么为了简化构型也移除该条件。复杂解不参与分析的运行结果，中间解是只参与简单分析的结果，简单解是上述两种分析后得到的结果。在这三个解中，最能解释结果变量和前因变量之间的关系的一般为中间解。第五步是分析实证结果。比较和分析每个组态构型的一致性和覆盖率，对条件变量和构型的充分性和必要性进行评估，找到满足目标条件组合的构型。

6.4.2　数据收集

本书数据来自 2017~2019 年 30 个省份的相关情况，采取均值计算的方式得出原始数据。由于部分省份数据缺失且不具备可分析性，故剔除了西藏、香港、澳门和台湾的相关数据，分析样本为 30 个省份的有关数据。

在创新政策方面，由上面研究可知，分别用研发补助和税收优惠作为供给型创新政策和环境型创新政策的指标，为了准确测度两种政策工具，税收优惠选用《中国税务年鉴》中各省"减免税款"科目作为具体指标数值，研发补助具体指标值采用《中国科技统计年鉴》中的"政府资金"金额。

在环境政策方面。在我国命令控制型环境政策主要包括各种污染物排放控制、排污许可证制度、有关环境法律法规和建设项目"三同时"制度等，《中国环境年鉴》中"本级环保能力建设资金使用总额"是中央财政安排的、主要用于加强企业地区环境监察执法能力建设的专项补助经费，用其说明环境行政督察维度，同时用"环境行政处罚案件数额"来说明环境行政处罚维度，用以上两个方面共同代表命令控制型环境政策。市场激励型环境政策是从 20 世纪 80 年代以后开始的，主要包含污染治理补贴、排污费制度、环境税等。排污费制度的实行时间为 1979~2018 年。2018 年 1 月 1 日正式征收环境税，本书结合排污费和环境税以满足时间的连续性，数据获取来自历年《中国环境统计年鉴》和历年《中国税务年鉴》。因为我国的碳排放交易制度并未普适推行，且考虑柴油税数据的可获取性，因此，选取排污费制度和环境税结合作为衡量市场激励型环境政策的指标。由于存在多个指标测量的因素，本书将采用权重平均的方式进行计算。

朴素式创新致力于解决中低收入群体的需求。本书将朴素式创新的产出用科技产出表示。科技产出基于刘旭红的研究，采取《中国科技统计年鉴》中各省份的"发明专利授权量"和"实用新型专利授权量"指标，表征面向中低收入群体的创新水平（江静，2011）。

具体的变量测量结构构建如表 6-1 所示。

表6-1 变量测量

类型	名称	分类	指标	指标定义
条件变量	创新政策	供给型创新政策	研发补助	政府资金
		环境型创新政策	税收优惠	减免税款
	环境政策	命令控制型环境政策	环境行政督察	本级环保能力建设资金使用总额
			环境行政处罚	受理行政案件处罚款
		市场激励型环境政策	排污费制度	排污费（环境税）
结果变量	朴素式创新行为	—	科技产出	发明专利授权量
				实用新型专利授权量

其中，命令控制型、市场激励型以及朴素式创新行为均由两个变量描述，为了更全面地进行衡量，于是参考杜运周等（2020）的权重计算方法，采取各50%的权重进行计算。基于研究的相对准确性，将2017～2019年三年的数据采用均值作为原始数据。均值及权重后的原始数据如表6-2所示。

表6-2 30个省份原始数据

地区	供给型（SP）	环境型（EP）	命令控制型（CC）	市场激励型（MD）	朴素式创新（FI）
北京	18.00	668.73	7.00	6.69	51637.00
天津	6.98	690.03	2.59	4.31	23631.00
河北	6.45	735.03	43.19	23.43	18966.00
山西	4.59	430.94	28.64	12.27	6452.00
内蒙古	3.13	324.00	23.51	11.60	3896.00
辽宁	13.43	562.45	8.34	6.37	15089.00
吉林	8.61	492.23	49.60	1.93	6004.00
黑龙江	9.24	520.87	21.48	2.66	8528.00
上海	42.90	898.43	25.06	3.53	36985.00
江苏	26.91	2204.77	30.02	27.41	113858.00
浙江	17.11	950.65	17.30	4.75	91726.00
安徽	19.67	889.03	36.64	4.34	32251.00
福建	10.87	809.02	35.97	3.32	32750.00
江西	10.67	505.58	10.50	4.68	16247.00
山东	32.70	1192.46	33.51	18.23	54627.00
河南	11.45	990.64	54.26	9.50	30637.00

地区	供给型（SP）	环境型（EP）	命令控制型（CC）	市场激励型（MD）	朴素式创新（FI）
湖北	26.89	912.43	29.55	6.58	26638.00
湖南	18.34	535.77	16.41	4.29	17803.00
广东	78.16	1447.27	157.68	6.42	146501.00
广西	4.38	518.54	22.53	3.40	7708.00
海南	0.24	154.00	8.62	0.52	1299.00
重庆	11.56	599.84	11.10	3.01	17478.00
四川	26.75	748.05	19.25	5.82	28895.00
贵州	6.57	299.29	12.11	5.29	7869.00
云南	5.86	309.57	18.35	3.04	8299.00
陕西	37.53	485.58	25.56	4.51	15881.00
甘肃	5.50	220.37	7.52	1.93	5472.00
青海	0.51	78.07	5.08	0.76	1084.00
宁夏	2.71	154.41	23.39	1.89	2413.00
新疆	1.68	326.27	18.93	4.70	3754.00

6.4.3 数据校准

1. 数据校准方法介绍

fsQCA 方法要求将常规变量转换为模糊变量，因此，数据校准成为一个必要且关键的步骤。模糊集校准需要借助外部标准才能实现，外部标准的制定可以用以下两种方法：第一种方法即直接方法，研究者直接指定完全隶属、完全不隶属和交叉点三个转换模糊集的锚点；第二种方法是间接法，研究者寻找目标集隶属度的定性评估，以区间量表上有确定分数的案例作为依据。研究人员将案例划分进六个类别，为了适应定性评估，用估计技术对原始测量进行缩放。这两种方法的最终结果都是对集合中案例进行精细校准，校准后的数据介于 0 ~ 1。

（1）直接方法。直接方法校准数据，首先，需要确定完全隶属阈值、交叉点和完全不隶属阈值这三个锚点。

其次，完成隶属度分数的计算还需以下四个步骤：第一步，计算偏差分数，用变量值将交叉点值减去；第二步，计算标量（scalar），大于交叉点的定为完全隶属值，小于交叉点定为完全不隶属值；第三步，计算隶属概率对数值（log odds of membership），即偏差分数乘以其标量；第四步，用下述式计算隶属度：

$$degree\ of\ membership\ =\ \frac{\exp(\log odds)}{[1 + \exp(\log odds)]} \qquad (6-1)$$

最后，得到的隶属值便是每个数据需要校准的模糊数据的结果，每个数值的范围都居于 0 到 1 之间。采用 fsQCA 3.0 软件，只需要确定三个锚的值，软件即可依据给定的锚点算出结果，完成校准。

（2）间接方法。与直接方法需要首先确定三个定性锚点不同，间接方法则需要研究者根据案例在目标集中的隶属度对案例进行分组。本质上，研究人员最初将案例分为不同级别，分配这些不同级别的初始隶属分数，然后使用区间量表数据校正这些分数隶属。要使用间接方法进行校准，需要研究者扎根于已有的理论知识和实践框架，案例的初步分类基于三值、四值和六值模糊集这三种模糊集分类方法。六值模糊集分类具有较好的适用性。因此，简要说明六值模糊集分类方式。首先，研究者需要对数据进行定性编码，将数据转化成 0～1 固定的六个数值；其次，根据研究案例的实际情况，对定性编码进行细致化修正，将其转化成 0～1 范围内的模糊数据。一般来说，采用 fsQCA 方法进行研究，会借用 fsQCA 软件，fsQCA 软件的校准工具属于数据校准方法中的直接方法，确定三个锚点的值即可。

2. 校准数据

校准是将变量转化为集合过程，目的是将集合隶属度分配给案例，依据理论和经验校准变量为集合形式，并确定三个锚点：完全隶属、交叉点以及完全不隶属，使校准后的集合隶属度的范围在 0～1。本书采用直接校准的方法，将各个变量数据的"0.95"设定为完全隶属、"0.5"为交叉点、"0.05"为完全不隶属。通过确定临界值，fsQCA 将其校准转化为 0～1 范围内的模糊值。各变量的锚点如表 6-3 所示。校准后的数据如表 6-4 所示。

表6-3 　　　　　　　　　　　　　　变量的校准锚点

研究变量			目标集合		锚点		
					完全隶属	交叉点	完全不隶属
条件变量	创新政策	供给型创新政策 SP	高供给创新政策		40.48	10.77	1.04
		环境型创新政策 EP	高环境创新政策		1332.61	549.11	154.18
	环境政策	命令控制型环境政策 CC	强命令控制型环境政策		52.40	22.53	5.85
		市场激励型环境政策 MD	强市场激励型环境政策		21.35	4.51	1.21
结果变量	朴素式创新行为		FI	高朴素式创新活跃度	105005.23	17477.67	1744.53
				非高朴素式创新活跃度	1744.53	17477.67	105005.23

表6-4 　　　　　　　　　　　　　　　校准后的数据

地区	fzSP	fzEP	fzCC	fzMD	fzFI	~ fzFI
北京	0.67	0.61	0.06	0.60	0.76	0.24
天津	0.24	0.63	0.03	0.45	0.55	0.45
河北	0.21	0.67	0.89	0.97	0.51	0.49
山西	0.13	0.29	0.65	0.80	0.11	0.79
内蒙古	0.09	0.15	0.52	0.78	0.07	0.93
辽宁	0.57	0.51	0.07	0.58	0.39	0.61
吉林	0.34	0.39	0.94	0.09	0.10	0.90
黑龙江	0.38	0.45	0.45	0.16	0.15	0.75
上海	0.96	0.79	0.56	0.29	0.66	0.34
江苏	0.83	1.00	0.68	0.98	0.96	0.04
浙江	0.65	0.82	0.28	0.51	0.93	0.07
安徽	0.71	0.79	0.80	0.46	0.62	0.38
福建	0.50	0.73	0.79	0.25	0.63	0.37
江西	0.49	0.42	0.10	0.51	0.44	0.56
山东	0.90	0.92	0.75	0.92	0.78	0.22
河南	0.52	0.84	0.96	0.71	0.61	0.39

续表

地区	fzSP	fzEP	fzCC	fzMD	fzFI	~ fzFI
湖北	0.83	0.80	0.67	0.59	0.58	0.42
湖南	0.68	0.47	0.25	0.45	0.50	0.50
广东	1.00	0.97	1.00	0.58	0.99	0.01
广西	0.12	0.44	0.50	0.27	0.13	0.87
海南	0.04	0.05	0.08	0.03	0.04	0.96
重庆	0.52	0.55	0.11	0.20	0.50	0.46
四川	0.83	0.68	0.36	0.56	0.60	0.32
贵州	0.22	0.13	0.13	0.53	0.14	0.87
云南	0.18	0.14	0.32	0.21	0.15	0.86
陕西	0.94	0.38	0.58	0.50	0.42	0.59
甘肃	0.16	0.08	0.06	0.09	0.09	0.92
青海	0.04	0.03	0.04	0.03	0.04	0.97
宁夏	0.08	0.05	0.52	0.08	0.05	0.95
新疆	0.06	0.16	0.34	0.51	0.07	0.85

6.4.4 必要条件分析

检查每个前因条件的必要性是分析模糊集之前的必要步骤。如果条件是结果的必要条件，这意味着只要结果发生，条件就必须存在，这个条件是结果所必需的，缺少这个条件，会导致结果无法出现。

因为在 fsQCA3.0 的设置中，借助真值表的分析实际上是为了完成充分性分析，简单解中往往剔除必要条件的有意义的条件。所以，仅需在确定分析中的必要条件后再说明其必要性即可。因此，需要检验条件的必要性。通常，如果作为结果必要条件的一致性大于或等于 0.9，则视为结果的必要条件。必要条件一致性的计算式如下：

$$Consistency(Y_i \leqslant X_i) = \frac{Min(X_i, Y_i)}{Y_i} \qquad (6-2)$$

必要性分析的覆盖范围是指这些给定条件解释结果出现的程度情况，表明条件模糊集是结果模糊集的子集的程度情况。一般来说，结果的充分条件的标准为大于或等于 0.9 的覆盖率。上述等式中，X_i 表示条件变量的隶属度；Y_i 表示结果因素的隶属度；$Min(X_i，Y_i)$ 表示在两者之间取最小值。通过 fsQCA3.0 以朴素式创新活跃度为结果，对本书的单个条件变量和单项"逻辑非"条件变量进行必要条件分析。

6.4.5 真值表构建

将所有变量通过校准得到模糊集数据后，需要将数据矩阵构造为 2k 行的真值表。真值表的行数在因果条件下为可能得到的组合构型数。例如，两个因素产生四种可能的组合，包括两个因素均存在、两个因素均缺失、两者中仅第一个因素的存在以及两者中仅第二个因素的存在。真值表表示属性空间，显示特定情况下的特定组合构型，其排列无论存在与否的所有可能组合构型，和模糊值大于 0.5 的情况数。本书研究包含四个前因条件，初始真值表有 16 行，表示逻辑上可能存在的 16 种因果条件组合构型。在模糊集分析中，所有构型在每个真值表行中都存在隶属度，一致性程度用来表示条件构想作为分析结果的充分性，这表明行中条件组合的隶属度是结果中的隶属度子集。

fsQCA 的执行需要简化初始真值表，所以为了优化细化，需要指定频率和一致性阈值。设置频率阈值的目的在于，要保证仅由超过最小数量的情况表示的条件构型上进行子集关系的评估。频率阈值 1 适用于中小型样本（例如，案例数量为 10~50 的案例），但对于大规模样本（例如，案例数量超过 150 的案例），频率阈值应设置得更高。根据本书研究为小样本，将频率阈值设置为 1。一致性评估在呈现相关结果时，会对因果条件组合的案例之间的一致程度进行共享。也就是说，一致性分数衡量条件组合在多少程度是结果的子集。一致性得分大于或等于阈值的组合构型设为 1，低于阈值的组合构型设为 0.8。因此，本书设定了最低可接受的一致性水平为 0，并借鉴了拉金（Ragin，2008）将最小一致性阈值设为 0.8 的建议。通过运算，得到布尔结构的真值表，在得到的真值表中存在这样的情况，按原始一致性大于 0.8 进行赋值为 1 的结果变量，其 PRI 一致性过低，为了研究的准确性，将 raw consist > 0.8，但 PRI consist < 0.65 的结果变量的赋值手动改为 0，得到的真值表如表 6 - 5 所示。

表 6 - 5　　　　　　　　　　　　　真值表

fzSP	fzEP	fzCC	fzMD	number	fzFI
1	1	1	1	5	1
1	1	0	1	4	1
1	1	0	0	1	1
1	1	1	0	2	1
1	0	0	0	1	1
0	1	1	1	1	1
0	1	0	0	1	1
0	0	0	1	3	0
0	0	1	1	2	0
0	0	1	0	2	0
0	0	0	0	5	0

6.5　政策组合对企业朴素式创新影响实证研究

6.5.1　政策组合对企业朴素式创新影响的必要条件分析

由表 6-6 可知，不存在任何一个前因条件对实现高朴素式创新活跃度（FI）的必要性、一致性达到 1，故不存在实现高朴素式创新活跃度（FI）的绝对必要条件。但是可以从高朴素式创新活跃度必要性检验中发现，环境型创新政策（EP）对高朴素式创新活跃度（FI）的一致性为 0.967383，大于基准线的 0.9，故环境型创新政策（EP）成为实现高朴素式创新活跃度（FI）的重要必要条件，并且有 81% 的地区可以解释环境型创新政策（EP）构成实现高朴素式创新活跃度（FI）的必要条件。其他的前因条件的一致性均 < 0.9，所以均不构成实现高朴素式创新活跃度（FI）的必要条件，其中，供给型创新

政策（SP）的一致性为 0.89，且有 80% 的地区可以解释其必要性，虽然其不能成为实现高朴素式创新活跃度（FI）的必要条件，但是表 6-6 中数据也可说明供给型创新政策（SP）也是实现高朴素式创新活跃度（FI）的重要条件。

表 6-6　　　　　　　　高朴素式创新活跃度的必要条件分析

Outcome variable：fzFI	一致性	覆盖率
fzSP	0.892602	0.807775
~fzSP	0.516309	0.402855
fzEP	0.967383	0.813922
~fzEP	0.484487	0.404383
fzCC	0.692920	0.645664
~fzCC	0.626889	0.477287
fzMD	0.807478	0.741417
~fzMD	0.664280	0.511956

由表 6-7 可知，不存在任何一个前因条件对实现非高朴素式创新活跃度（~FI）的必要性、一致性达到 1，故不存在实现非高朴素式创新活跃度（~FI）的绝对必要条件。从非高朴素式创新活跃度必要性检验中发现，四个前因条件及其"逻辑非"前因条件均未出现有一致性 >0.9 的情况，故不存在实现非高朴素式创新活跃度（~FI）的重要必要条件。但是从分析中可以得出，缺乏供给型创新政策（~SP）的一致性为 0.846816，缺乏环境型创新政策的一致性为 0.840505，且分别有 92% 和 97% 的地区可以解释其必要性，虽然其不能成为实现非高朴素式创新活跃度（~FI）的必要条件，但是表 6-7 中数据也可说明缺乏供给型创新政策（~SP）和缺乏环境型创新政策（~EP）是实现非高朴素式创新活跃度（~FI）的重要条件。

表 6-7　　　　　　　　非高朴素式创新活跃度的必要条件分析

Outcome variable：~fzFI	一致性	覆盖率
fzSP	0.448078	0.562275
~fzSP	0.846816	0.916201
fzEP	0.485370	0.566265
~fzEP	0.840505	0.972776

Outcome variable: ~fzFI	一致性	覆盖率
fzCC	0.504877	0.652335
~fzCC	0.725760	0.766202
fzMD	0.543316	0.691746
~fzMD	0.796902	0.851625

6.5.2 政策组合对企业朴素式创新影响的组态构建

实证分析采用模糊集定性比较分析（fsQCA）方法。分析过程产生三种解，即："复杂解"通过精简真值表产生，而不使用任何"逻辑余项"，"复杂解"不会改变条件设置；"简约解"使用所有的"逻辑余项"，但不对"逻辑余项"的合理性进行评估，"简约解"可能与实际情况存在偏差，这是因为其可能在简化过程中剔除了必要条件；"中间解"是介于"复杂解"和"简约解"之间的解，其不允许在分析过程中将必要条件剔除，并纳入了有意义的"逻辑余数"。所以，基于上述分析，本书主要选定"中间解"为解析最终结果的解。以供给型创新政策、环境型创新政策、命令控制型环境政策和市场激励型环境政策作为条件变量，以高朴素式创新活跃度作为结果变量，简化真值表进行分析。运行 fsQCA3.0 软件，得到了"简约解""中间解"和"复杂解"这三种解。描述每个解的覆盖度、一致性，包括组态的一致性、原始及唯一覆盖度。解的覆盖度说明组态能够在多大程度上覆盖了高朴素式创新；唯一覆盖度显示仅由组态覆盖的结果案例的比例，即没结果案例没有被其他组态覆盖；一致性指数表明，在确定简单及复杂前因条件的隶属度的过程中，该数值的可靠性。理论上，覆盖度的指数在 0.05 以上，一致性的指数应在 0.8 以上。根据简单解确定中间解的核心条件，最后根据中间解确定构型构造形式。

1. 高朴素式创新活跃度的组态构建

由表 6-8 可知，共有四条组态构型可以实现高朴素式创新活跃度，其总体覆盖度为 0.94，说明整体组态构型能够对 94% 的地区进行解释，总体一致性达到 0.82。说明整体组态构型能够在 82% 的程度上解释实现高朴素式创新活跃度的路径。且单条组态构型的一致性均达到 0.85 以上，均介于 0.87 ~ 0.91，说明每条组态构型对实现高朴素式创新活跃度这个结果有很高的解释力，且这些构型与结果接近完美的子集关系，尤其是构型 2 和构型 4 的一致性达到 0.91，对结果的解释力更强。当一致性满足一定标准的情况下，同时考虑原始覆盖度的合理性是很重要的，但如果不考虑一致性，或者说前因条件或组态构型不是结果的一致性子集，单纯考虑原始覆盖度也是没有意义的。

表 6 - 8　　　　　　　　高朴素式创新活跃度的组态构建

	高朴素式创新活跃度			
条件变量	构型 1	构型 2	构型 3	构型 4
SP	●	●		
EP	●		●	●
CC		●	●	●
MD		⊗	⊗	●
一致性	0.89	0.91	0.87	0.91
原始覆盖度	0.88	0.50	0.51	0.59
唯一覆盖度	0.14	0.01	0.02	0.03
总体一致性	0.82			
总体覆盖度	0.94			

注：●代表核心条件存在，•代表边缘条件存在，⊗代表边缘条件缺乏。

由于所得的组态构型的一致性均大于 0.85，所有组态构型均与实现高朴素式创新活跃度接近完美的子集关系，所以考虑每个组态构型原始覆盖度，可以发现，构型 1 的原始覆盖度最大，达到 0.88。

因此，实现高朴素式创新活跃度最优条件构型为构型 1：$SP^* EP \rightarrow FI$。其他三个构型虽然一致性均 > 0.85，但是他们的原始覆盖度较低。

构型 2：$SP^* \sim CC^* \sim MD \rightarrow FI$，一致性为 0.91，但原始覆盖度只有 0.5；

构型3：EP* ~ CC* ~ MD→FI，一致性为0.87，但原始覆盖度只有0.51；

构型4：EP*CC*MD→FI，一致性为0.91，但原始覆盖度只有0.59。

2. 非高朴素式创新活跃度的组态构建

由表6-9可知，共有三条组态构型可以实现非高朴素式创新活跃度，其总体覆盖度为0.82，说明整体组态构型能够对82%的地区进行解释，总体一致性达到0.96。说明整体组态构型能够在96%的程度上解释实现非高朴素式创新活跃度的路径。且单条组态构型的一致性均达到0.95以上，均介于0.95~0.99，说明每条组态构型对实现非高朴素式创新活跃度这个结果有很高的解释力，且这些构型与结果接近完美的子集关系，尤其是构型1的一致性达到0.99，对结果的解释力更强。

表6-9　　　　　　　　　　　非高朴素式创新活跃度的组态构建

条件变量	非高朴素式创新活跃度		
	构型1	构型2	构型3
SP	⊗		⊗
EP	⊗	⊗	
CC		⊗	⊗
MD		⊗	⊗
一致性	0.99	0.97	0.95
原始覆盖度	0.76	0.61	0.57
唯一覆盖度	0.20	0.06	0.01
总体一致性	0.96		
总体覆盖度	0.82		

注：⊗代表核心条件缺失；⊗代表辅助条件缺失。

由于所得的组态构型的一致性均大于0.85，所有组态构型均与实现非高朴素式创新活跃度接近完美的子集关系，所以考虑每个组态构型原始覆盖度，可以发现，构型1的原始覆盖度最大，达到0.76。

因此，实现非高朴素式创新活跃度最优条件构型为构型1：~SP* ~EP→ ~FI。其他两个构型虽然一致性均>0.95，但是他们的原始覆盖度较低。

构型2： ~ EP* ~ CC* ~ MD→ ~ FI，一致性为0.97，但原始覆盖度只

有 0.61；

构型 3：~ SP* ~ CC* ~ MD→ ~ FI，一致性为 0.95，但原始覆盖度只有 0.57。

6.5.3 结果分析

1. 高朴素式创新活跃度组态的结果分析

构型 1：SP*EP→FI，高的供给型创新政策和高的环境型创新政策会实现高朴素式创新活跃度。从变量测量角度分析，政府增加补助并减免税收会促进企业进行朴素式创新行为，政府支持企业创新的政策，会对朴素式创新提供更多的机会和可能性，使企业也能更好地进行朴素式创新。构型 1 的原始覆盖度达到 0.88，即可以看出，有 88% 以上的地区可以解释此构型，说明本书研究的 30 个省份中，有超过 26 个地区认为政府补助和税收减免会使本地区的企业进行朴素式行为，可以在很大程度上说明该政策组合会提高企业朴素式创新的活跃度。通过分析结果得出以下地区有超过 50% 的一致性可以解释该构型实现企业高朴素式创新行为，分别为：广东（0.97, 0.99）、山东（0.9, 0.78）、江苏（0.83, 0.96）、湖北（0.8, 0.58）、上海（0.79, 0.66）、安徽（0.71, 0.62）、四川（0.68, 0.6）、浙江（0.65, 0.93）、北京（0.61, 0.76）、河南（0.52, 0.61）、重庆（0.52, 0.5）、辽宁（0.51, 0.39）。以广东省为例，广东省近三年政府补助投入约为 78.16 亿元，近三年平均减免税收 1447.27 亿元，在 30 个省级地区中，相比较这两方面的力度还是非常有优势的，所以从研究结果中也可以看出，广东省对于 SP*EP→FI 构型的一致性达到了 0.97，对该构型能实现高朴素式创新行为有足够的解释力度。①

构型 2：SP* ~ CC* ~ MD→FI，高的供给型创新政策，在缺乏命令控制型环境政策和市场激励型环境政策时，会实现高朴素式创新活跃度。从变量测量角度分析，政府增加补助，但是在环境规制的监督和征收环境税方面有所减少

---

① 资料来源：《中国科技统计年鉴》《中国环境统计年鉴》《中国税务统计年鉴》。

的情况下，会促进企业进行朴素式创新行为。这说明，政府提供补助的同时，减少政府环境督察，减弱建设环保能力，减少环境税有促进企业进行朴素式创新的作用。构型2的原始覆盖度达到0.5，即可以看出，有50%左右的地区可以解释此构型，说明本书研究的30个省份中，有超过15个地区认为增加政府补助并减少环境规制督察和环境税会使本地区的企业进行朴素式行为，可以在一定程度上说明该政策组合会提高企业朴素式创新的活跃度。通过分析结果得出以下地区有超过50%的一致性可以解释该构型实现企业高朴素式创新行为，分别为：湖南（0.55，0.5）和重庆（0.52，0.5）。以湖南省为例，湖南省近三年的平均政府补助投入为18.34亿元，环境案件处罚平均为2.2亿元，环保建设平均为30.59亿元，环境税平均为4.29亿元。其中，在政府补助投入方面，湖南省的数据在30个省份中处于50%～95%，而相比而言，湖南省的环境案件处罚、环保建设方面和环境税在其中处于50%以下。[①] 这可以很好地解释在供给型创新政策处于较高水平，市场激励型环境政策和命令控制型环境政策都处于较低的水平的情况下，可以促进企业进行朴素式创新，所以可以说明构型2：SP*～CC*～MD→FI可以实现高朴素式创新行为。

构型3：EP*～CC*～MD→FI，高的环境型创新政策，在缺乏命令控制型环境政策和市场激励型环境政策时，会实现高朴素式创新活跃度。从变量测量角度分析，政府减免税收并且提高环境规制的监督，但是在征收环境税方面有所减少的情况下，会促进企业进行朴素式创新行为。这说明，政府减免企业税负的同时，提高政府环境督察，加强建设环保能力，减少环境税有促进企业进行朴素式创新的作用。构型3的原始覆盖度达到0.51，即可以看出，有51%左右的地区可以解释此构型，说明本书研究的30个省份中，有超过15个地区认为加强企业税收优惠和环境规制督察并减少环境税会使本地区的企业进行朴素式行为，可以在一定程度上说明该政策组合会提高企业朴素式创新的活跃度。通过分析结果得出以下地区有超过50%的一致性可以解释该构型实现企业高朴素式创新行为，分别为：天津（0.55，0.55）和重庆（0.55，0.5）。

①　资料来源：《中国科技统计年鉴》《中国环境统计年鉴》《中国税务统计年鉴》。

以天津市为例，天津市近三年平均的税收优惠为 690.03 亿元，环境行政处罚为 2.1 亿元，环保建设为 3.08 亿元，环境税为 4.31 亿元。其中，在税收优惠方面，天津市的数据在 30 个省份中处于 50% ~ 95% ,① 处于较高水平，而相比而言，天津市的环境案件处罚、环保建设方面和环境税在其中处于较低的水平。这可以很好地解释在环境型创新政策处于较高水平，市场激励型环境政策和命令控制型环境政策都处于较低的水平的情况下，可以促进企业进行朴素式创新，所以说明构型 3：$EP^* \sim CC^* \sim MD \rightarrow FI$ 可以实现高朴素式创新行为。

构型 4：$EP^* CC^* MD \rightarrow FI$，高的环境型创新政策、高的命令控制型环境政策同时有高的市场激励型环境政策时，会实现高朴素式创新活跃度。从变量测量角度分析，政府增加税收优惠、提高环境规制的监督并且增强征收环境税的情况下，会促进企业进行朴素式创新行为。这说明，政府减免企业税负的同时，提高政府环境督察，加强建设环保能力，加大环境税有促进企业进行朴素式创新的作用。构型 4 的原始覆盖度达到 0.59，即可以看出，有 59% 左右的地区可以解释此构型，说明在本书研究的 30 个省份中，有 18 个左右地区认为加强企业税收优惠、环境规制督察和环境税会使本地区的企业进行朴素式行为，可以在一定程度上说明该政策组合会提高企业朴素式创新的活跃度。通过分析结果得出以下地区有超过 50% 的一致性可以解释该构型实现企业高朴素式创新行为，分别为：山东 (0.75, 0.78)、河南 (0.71, 0.61)、江苏 (0.68, 0.96)、河北 (0.67, 0.51)、湖北 (0.59, 0.58)、广东 (0.58, 0.99)。以山东为例，山东近三年平均的税收优惠为 1192.46 亿元，环境行政处罚为 11.84 亿元，环保建设为 55.18 亿元，环境税为 18.23 亿元。且在以上所有方面，山东的数据在 30 个省份中处于 50% ~ 95%，处于较高水平。② 这可以很好地解释在环境型创新政策、市场激励型环境政策和命令控制型环境政策都处于较高水平的情况下，可以促进企业进行朴素式创新，所以说明构型 4：$EP^* CC^* MD \rightarrow FI$ 可以实现高朴素式创新行为。

---

① 资料来源：《中国科技统计年鉴》《中国环境统计年鉴》《中国税务统计年鉴》。
② 资料来源：《中国环境统计年鉴》《中国税务统计年鉴》。

2. 非高朴素式创新活跃度组态的结果分析

构型1：~SP*~EP→~FI。非高的供给型创新政策和非高的环境型创新政策会实现非高朴素式创新活跃度。从变量测量角度分析，政府减少补助并增加税收会阻碍企业进行朴素式创新行为，政府减少有关创新的政策，会极大地降低朴素式创新更多的机会和可能性，使企业不愿进行朴素式创新，在一定程度上阻碍了企业朴素式创新的发展。构型1的原始覆盖度达到0.76，即可以看出，有76%以上的地区可以解释此构型，说明在本书研究的30个省份中，有23个左右省份认为减少政府补助和增加税收会阻碍本地区的企业进行朴素式行为，可以在很大程度上说明该政策组合会降低企业朴素式创新的活跃度。通过分析结果得出以下地区有超过50%的一致性可以解释该构型会阻碍企业朴素式创新行为，分别为：青海（0.96，0.96）、海南（0.95，0.96）、宁夏（0.92，0.95）、内蒙古（0.85，0.93）、甘肃（0.84，0.91）、新疆（0.84，0.93）、云南（0.82，0.85）、贵州（0.78，0.86）、山西（0.71，0.89）、吉林（0.61，0.9）、广西（0.56，0.87）、黑龙江（0.55，0.85）、江西（0.51，0.56）。以青海为例，青海近三年政府补助投入约为0.51亿元，近三年平均减免税收为78.07亿元，在30个省份中，相比较这两方面的力度，青海都存在很大的缺失，所以从研究结果中也可以看出，青海对于~SP*~EP→~FI构型的一致性达到了0.96，对该构型能实现非高朴素式创新行为有足够的解释力度。①

构型2：~EP*~CC*~MD→~FI，非高的环境型创新政策、非高的命令控制型环境政策同时伴随非高的市场激励型环境政策时，会实现非高朴素式创新活跃度。从变量测量角度分析，在政府增加税收、减少环境规制的监督并且减少征收环境税的情况下，会阻碍企业进行朴素式创新行为。这说明，政府增加企业税负的同时，降低政府环境督察，减弱建设环保能力，减少环境税有阻碍企业进行朴素式创新的作用。构型2的原始覆盖度达到0.61，即可以看出，有61%左右的地区可以解释此构型，说明在本书研究的30个省份中，有超过

---

① 资料来源：《中国科技统计年鉴》《中国环境统计年鉴》《中国税务统计年鉴》。

18 个地区认为减少企业税收优惠、环境规制督察和环境税会阻碍本地区的企业进行朴素式行为，在一定程度上说明该政策组合会降低企业朴素式创新的活跃度。通过分析结果得出以下地区有超过 50% 的一致性可以解释该构型会阻碍企业朴素式创新行为，分别为：青海（0.96，0.96）、海南，（0.92，0.96）、甘肃（0.91，0.91）、云南（0.68，0.85）、黑龙江（0.55，0.85）、湖南（0.53，0.5）。以海南为例，海南近三年平均的税收优惠为 154 亿元，环境行政处罚为 1.12 亿元，环保建设为 16.13 亿元，环境税为 0.52 亿元。[①] 而相比而言，海南的税收优惠、环境案件处罚、环保建设方面和环境税征收在其中处于较低的水平。在环境型创新政策、市场激励型环境政策和命令控制型环境政策都处于较低的水平的情况下，会阻碍企业进行朴素式创新，所以说明构型 2：$\sim EP^* \sim CC^* \sim MD \rightarrow \sim FI$ 可以实现非高朴素式创新行为。

　　构型 3：$\sim SP^* \sim CC^* \sim MD \rightarrow \sim FI$，非高的供给型创新政策、非高的命令控制型环境政策同时伴随非高的市场激励型环境政策时，会实现非高朴素式创新活跃度。从变量测量角度分析，在政府减少补助、减少环境规制的监督并且减少征收环境税的情况下，会阻碍企业进行朴素式创新行为。这说明，政府减少资助的同时，降低政府环境督察、减弱建设环保能力、减少环境税有阻碍企业进行朴素式创新的作用。构型 3 的原始覆盖度达到 0.57，即可以看出，有 57% 左右的地区可以解释此构型，说明在本书研究的 30 个省份中，有超过 17 个地区认为，减少政府补贴、环境规制督察和环境税会阻碍本地区的企业进行朴素式行为，可以在一定程度上说明该政策组合会降低企业朴素式创新的活跃度。通过分析结果得出以下地区有超过 50% 的一致性可以解释该构型会阻碍企业朴素式创新行为，分别为：青海（0.96，0.96）、海南（0.92，0.96）、甘肃（0.84，0.91）、云南（0.68，0.85）、天津（0.55，0.45）、黑龙江（0.55，0.85）。以甘肃为例，甘肃近三年的平均政府补助投入为 5.5 亿元，环境案件处罚平均为 1.14 亿元，环保建设平均为 13.90 亿元，环境税平均为 1.93 亿元。[②] 甘肃的政府补助、环境案件处罚、环保建设方面和环境税在其中都处于

---

① 资料来源：《中国环境统计年鉴》《中国税务统计年鉴》。

② 资料来源：《中国科技统计年鉴》《中国环境统计年鉴》《中国税务统计年鉴》。

较低的水平。这可以很好地解释在供给型创新政策、市场激励型环境政策和命令控制型环境政策都处于较低的水平的情况下，会阻碍企业进行朴素式创新，所以说明构型 3：$\sim SP^* \sim CC^* \sim MD \rightarrow \sim FI$ 可以实现非高朴素式创新活跃度。

6.6　相关政策建议

6.6.1　企业高朴素式创新活跃度角度

从企业高朴素式创新活跃度的角度分析，强的供给型创新政策和强的环境型创新政策在企业产生高朴素式创新活跃度的过程中有重要的作用。综合四条高朴素式创新活跃度的实现路径，在供给型创新政策或环境型创新政策强的条件下，企业可能产生高朴素式创新活跃度的条件组合各有差异。在供给型创新政策强的条件下，有的企业在环境型创新政策同时强的情况下可能产生高朴素式创新活跃度；而有的企业在非高的命令控制型环境政策和非高的市场激励型环境政策时，也可能产生高朴素式创新活跃度。在环境型创新政策强的条件下，有的企业在非高的命令控制型环境政策和非高的市场激励型环境政策时可能产生高朴素式创新活跃度；而有的企业在强的命令控制型环境政策和强的市场激励型环境政策时，也可能产生高朴素式创新活跃度。供给型创新政策和环境型创新政策强调政府为支持企业研发创新提供的补助和减免的税款，命令控制型环境政策和市场激励型环境政策强调企业在朴素式创新过程中政府对于企业的环境督察和处罚等环境规制情况。这说明企业可能产生高朴素式创新活跃度的条件满足以上四种组态中的任意一种即可。

（1）强的供给型创新政策和强的环境型创新政策对实现企业高朴素式创新活跃度有重要的影响作用。在四种高朴素式创新活跃度路径中，也可以看出，供给型创新政策和环境型创新政策出现的频率较高。供给型创新政策主要指政府为支持企业研发创新提供的政府资金补助投入，对于企业朴素式创新活动而言，政府补助可以为企业提供部分研发成本，降低企业创新风险，直接激励和促进企业进行朴素式创新活动，同时，政府研发补助往往会被计入企业收入，企业如增加会激励企业加大对于研发创新的资金投入力度，可以缓解企业朴素式创新由于资金困难而导致的局限性，加快其研发速度；环境型创新政策主要指政府为支持企业研发创新而有针对性地减免税款，政府环境型创新政策所采取的税收优惠政策范围更广，它面向所有参与研发活动的企业，在资源分配方面更加公平，在一定程度上缓解朴素式创新对企业产生的财务负担，刺激更多企业进行朴素式创新活动，提升其创新产出。

（2）政府直接提供了足够的研发资金补助的支持，部分企业会自觉进行创新研发活动，自觉减少环境污染，在一定程度上促进企业进行朴素式创新，所以此时环境规制的监管措施不会对部分企业产生过分影响。如构型2，在政府提供政府资金支持的情况下，减少有关行政督察、处罚及对企业征收的排污费（环境税），会实现企业高朴素式创新活动。

（3）不同企业进行朴素式创新行为所需的环境规制强度不同，有的企业在当地减免税款的政策下，减少了资金缺口，不需要强的环境规制即可自发进行朴素式创新行为，而有的企业虽然享受了税收减负政策，但是还需在环境处罚和相关排污费（环境税）的环境规制下，才能进一步实现朴素式创新行为。如构型3和构型4，在政府对企业研发创新实行减免税款政策时，部分企业在强的环境规制下会实现高朴素式创新行为，而部分企业在非高的环境规制下也可以实现高朴素式创新行为，这是由于减免税款没有政府补贴直接和快速的优势，其短时间内很难起到一定作用，实施时间较长，而且不同地区对于企业的减税政策也有所不同，不同的企业其性质也存在差异，所以导致了不同企业进行朴素式创新行为所需的环境规制强度不同的现象。

6.6.2 企业非高朴素式创新活跃度角度

从企业非高朴素式创新活跃度的角度分析，非高的供给型创新政策和非高的环境型创新政策在企业产生非高朴素式创新活跃度的过程中有着重要的作用。综合三条非高朴素式创新活跃度的实现路径，在供给型创新政策或环境型创新政策非高的条件下，企业可能产生非高朴素式创新活跃度的条件组合各有差异。在供给型创新政策非高的条件下，有的企业在环境型创新政策同时非高的情况下可能产生非高朴素式创新活跃度；而有的企业在非高的命令控制型环境政策和非高的市场激励型环境政策时，也可能产生非高朴素式创新活跃度。在环境型创新政策非高的条件下，企业在非高的命令控制型环境政策和非高的市场激励型环境政策下可能产生非高朴素式创新活跃度。供给型创新政策和环境型创新政策强调政府为支持企业研发创新提供的补助和减免的税款，命令控制型环境政策和市场激励型环境政策强调企业在朴素式创新过程中政府对于企业的环境督察和处罚等环境规制情况。这说明企业可能产生非高朴素式创新活跃度的条件满足以上三种组态中的任意一种即可。

（1）非高的供给型创新政策和非高的环境型创新政策在企业产生非高朴素式创新活跃度的过程中有重要的作用。在三种非高朴素式创新活跃度路径中，可以看出，供给型创新政策和环境型创新政策出现的频率较高，即可说明非高的供给型创新政策和非高的环境型创新政策对实现企业非高朴素式创新活跃度有重要的影响作用。供给型创新政策主要指政府为支持企业研发创新提供的政府资金补助投入，对于企业朴素式创新活动而言，若减少政府补助会导致企业增加研发成本，提高企业创新风险，会阻碍企业进行朴素式创新活动；环境型创新政策主要指政府为支持企业研发创新而有针对性地减免税款，若减少政府的税收优惠政策，会增加企业朴素式创新产生的财务负担，导致企业的资金不足，阻碍企业进行朴素式创新的行为，降低其创新产出。

（2）在政府提供的创新政策支持存在局限的基础上，对于有关环境规制的政策再有所减少，会使企业降低朴素式创新的意愿。构型2和构型3说明，在政府减少税费优惠或减少政府研发补助投入的情况下，减少有关行政督察、处罚及对企业征收的排污费（环境税），会导致企业非高朴素式创新活动。一方面，会使本身企业研发成本增加而导致企业研发创新的可能性有所降低，而虽然减少了环境规制所产生的相关费用，但是企业也不会把这笔费用再投入创新成本中，企业为了生存和盈利，会把精力放在生产高利润的产品上，如此以往，阻碍了企业朴素式创新的进程；另一方面，在企业研发成本不能得到政府足够支持的情况下，对于环境监管的同时减弱，以减少排污费（环境税）为例，企业就可能不会因为存在这样的制度而自觉进行环境保护的生产行为，所生产的产品就会很少考虑到环境的因素，这样生产出来的产品也不满足朴素式创新的要求，这也在一定程度上抑制了企业进行朴素式创新活动。

6.6.3 政策制定思路

首先，各地政府应该高度认识到政府支持的创新政策对于促进企业朴素式创新的必要性。政府的补贴投入和税收减免对于激励各地区企业的朴素式创新行为具有重要的作用。同时，政府应根据不同地区的发展情况和企业现状设立合适的政府投入标准以及税收优惠政策，在适合本地发展的前提下，让企业可以在得到政府创新政策的有效支持的情况时，减少创新成本和税费负担，促使更多的企业进行创新研发活动，提高企业朴素式创新能力，进一步推进企业朴素式创新的进程。

其次，各地政府应适当地对企业进行环境规制。环境规制是一把"双刃剑"，从本书研究可以看出，环境政策会存在一些不确定性的因素，可能激励企业进行朴素式创新，也有可能抑制企业朴素式创新，这就对各地政府采取的环境规制政策提出了更高的要求。政府需要实施环境政策的监管与激励并重，利用好这把"双刃剑"，同时也要根据不同的企业性质设立不同的环境规制政策标准，目的不是阻碍企业创新发展，而是让企业在政府的环境政策下，自觉自发进行环境保护的生产运作，可使企业避免处罚及由于环境过度污染而产生的高额环境税，从而从侧面督促企业进行绿色生产，进一步推进企业朴素式创新的发展。

最后，各地政府应考虑创新政策和环境政策对于企业朴素式创新的综合影响效应。本书在综合考量创新政策和环境政策的共同作用时，想要提高企业朴素式创新活跃度，政府需要采取适当的创新政策措施，给予企业税收优惠与政府补贴以减轻企业的成本压力，用创新政策扶持企业更好地进行朴素式创新。同时政府也要有选择地采取相关环境规制政策，做好经济发展与环境保护共同发展，这也在一定程度上要求政府做好宏观调控，根据当地企业数量、规模、企业发展情况等企业性质的情况，以政策试点的形式将创新政策与环境规制政策相结合，基于当地以及当地企业发展的情况进行进一步调整，寻找最适合当地企业朴素式创新发展的政策组合，激励企业进行研发创新的同时进行绿色生产活动，更好地促进当地企业进行朴素式创新行为，进一步丰富企业的生产活动模式，更好地推动市场经济的发展。

第 7 章

结论与展望

7.1 研究结论

进入 21 世纪以后，世界出现百年未有之大变局，经济发展中心向新兴经济体转移。全球范围内的局部战争不断等因素使得全球经济低迷，如何摆脱困境实现高质量发展和可持续发展是各级政府亟须解决的难题。朴素式创新起源于新兴市场国家，其过程的可持续性、节约性与包容性是对在资源匮乏、环境恶化、贫富差距加大、市场萎缩等宏观环境下如何进行创新的一种有力回应。朴素式创新作为一种资源限制型创新范式，强调在保证产品质量的前提下实现降低成本的目标，为众多低收入消费群体提供支付得起和质量过关的产品或服务。朴素式创新不仅符合当前中国经济发展的阶段性特征，也可为企业在资源约束下生存和发展提供指导。基于此，本书探索企业朴素式创新实现的内在机理、扩散路径及相关政策组合，补充和完善朴素式创新理论体系，为新兴市场下的中国企业创新实践提供理论指导。具体开展了以下研究，得到如下结论。

第一，在对朴素式创新的内涵、特征、成果进行清晰界定的基础上，收集企业朴素式创新案例，采用模糊集定性比较分析对企业朴素式创新类型进行划分。研究发现：企业朴素式创新模式包括被动求生型模式、主动变革型模式、认同应变型模式等。

第二，运用话语分析方法，构建企业朴素式创新实现的影响因素的话语模型，运用概念格—加权群组 DEMATEL 方法，从认知的角度确定专家的权重，进而对各个影响因素的重要度进行探讨，使影响因素重要度的探讨与运用话语分析识别出的各个影响因素的对象与属性间的关系更加契合，进而构建企业朴素式创新实现机理的概念模型，揭示企业朴素式创新实现机理。研究发现：（1）在提炼出的企业朴素式创新影响因素的话语模型中，包括情境力（激励性规范、指令性规范、模仿性规范）、驱动力（企业社会责任、企业文化、新兴市场需求）、使能力（组织资源、组织学习、组织管理）、创新意愿（经济价值、社会价值、生态价值）和开放式创新（内向开放创新和外向开放创新）。（2）各个驱动因素的重要度排序为行为意愿＞主观规范＞知觉行为控制＞行为态度＞开放式创新，说明小微企业朴素式创新行为受到行为意愿和主观规范的影响较大。（3）每一个因素对行为的作用机制并不相同，朴素式创新意愿是企业朴素式创新的直接影响因素；行为态度、主观规范和知觉行为控制通过影响朴素式创新意愿来驱动朴素式创新，是朴素式创新的间接影响因素；主观规范和知觉行为控制还能够对行为态度产生影响；开放式创新对朴素式创新意愿和行为之间的关系具有调节作用。基于此，构建企业朴素式创新实现的"情境力－驱动力－使能力"模型，揭示企业朴素式创新实现的内在机理。

第三，在对企业朴素式创新扩散构成系统分析的基础上，基于全生命周期视角，从两个层面研究朴素式创新的扩散。（1）从参与主体角度，以政府、企业、BoP 消费者为研究对象，构建主体层面朴素式创新扩散的演化博弈模型，研究政府规制下朴素式创新在企业和 BoP 消费者中扩散的过程，深入分析朴素式创新扩散过程中主体策略采纳的影响因素与生命周期不同阶段的演化稳定策略。（2）从市场竞争角度，通过构建生物学中的 Lotka-Volterra 模型反映朴素式创新在市场中的扩散过程，探究在市场容量有限的情况下，朴素式创新具有何种扩散模式以及这些模式存在的条件。运用 MATLAB R2016b 进行数值仿真来验证上述模型及其推论的有效性。研究发现：（1）在朴素式创新扩散过程中，主体的策略采纳并不是独立、一成不变的，而是在时间的流逝下发生变化，具有互动性和协同作用；（2）在满足特定条件下，朴素式创新生命周期的四个不同阶段对应着四个不同的演化稳定均衡策略，分别为 $(1, 0, 0)$、$(1, 1, 1)$、$(0, 1, 1)$、$(0, 0, 0)$；（3）企业和 BoP 消费者对政府奖惩政策的敏感性会因其所处朴素式创新生命周期阶段的不同而发生变化；（4）政府和企业对成本的变化具有较高的敏感性；（5）负外部性补偿的设置对于 BoP 消费者策略的选择至关重要；（6）朴素式创新在市场中的最终扩散状态与竞争系数相关，在朴素式创新的成长、引入和成熟期，为弱弱竞争作用下的扩散模式，在朴素式创新的衰退期，为弱强竞争作用下的扩散模式。

第四，在目前有关创新政策和环境政策的理论基础的背景下，将创新政策分为供给型创新政策和环境型创新政策，将环境政策分为命令控制型环境政策和市场激励型环境政策，分别阐述其对企业朴素式创新的影响机理。研究发现：引致企业朴素式创新的政策组合有 4 种，分别为：（1）由强供给型创新政策和强环境型创新政策构成；（2）由强供给型创新政策、非高命令控制型环境政策和非高市场激励型环境政策构成；（3）由强环境型创新政策、非高命令控制型环境政策和非高市场激励型环境政策构成；（4）由强环境型创新政策、强命令控制型环境政策和强市场激励型环境政策构成。最后，基于研究结果，从政府方面对支持企业朴素式创新提出了相应的对策和建议。

7.2　研究展望

从中国经济新常态下创新趋势发展看，认为朴素式创新是企业在有限资源下创造更多价值和可持续发展的必然选择。本书运用案例研究、问卷调查、仿真建模等方法构建企业朴素式创新实现机理理论模型，拟合企业在新兴市场中扩散路径，并提出促进企业朴素式创新相关政策组合。但是仍然存在一些不足之处和未来研究的可能方向。

第一，本书仅对朴素式创新扩散中主要参与主体：政府、企业和消费者进行了分析，没有考虑到其他现实中可能会出现的相关主体的影响，如金融中介机构、科研院所，而现实中这些机构所发挥的作用往往也举足轻重。

第二，本书采用数值模拟方法模拟了四个生命周期阶段的变化，仅反映了总体趋势，缺乏实际数据的支持。今后，可以在数值模拟的基础上进行基于实际数据的实证研究。另外，本书在构建博弈分析模型之后，只针对模型中的部分重要参数变量进行了模拟仿真分析，并没有对所研究的所有参数进行讨论，缺乏一定的检验完整性。

第三，本书仅研究创新政策与环境政策组合对朴素式创新的影响，后续研究可考虑其他不同的政策组合可能对企业朴素式创新产生的影响，完善政策对朴素式创新的影响研究。

第四，本书运用 fsQCA 来研究 30 个省份的企业情况，但由于企业规模、企业所处的行业及企业所处地区的不同，存在一定的限制，对于不同性质和不同地区的企业没能做到差异化研究，且由于西藏及港澳台地区企业的相关数据的缺失，此书没能覆盖所有地区的情况，这在一定程度上影响结论的代表性。后续研究可以对各地区的不同情况作差异化研究。

参考文献

[1] 安同良，周绍东，皮建才. R&D 补贴对中国企业自主创新的激励效应 [J]. 经济研究，2009，44（10）：87 - 98，120.

[2] 白俊红，李婧. 政府 R&D 资助与企业技术创新——基于效率视角的实证分析 [J]. 金融研究，2011（6）：181 - 193.

[3] 白旭云，王砚羽，苏欣. 研发补贴还是税收激励——政府干预对企业创新绩效和创新质量的影响 [J]. 科研管理，2019，40（6）：9 - 18.

[4] 曹国华，潘强. 基于期权博弈理论的技术创新扩散研究 [J]. 科研管理，2007，28（1）：188 - 191.

[5] 曹霞，张路蓬. 企业绿色技术创新扩散的演化博弈分析 [J]. 中国人口·资源与环境，2015，25（7）：68 - 76.

[6] 常悦，鞠晓峰. 创新供给者中介与潜在采纳者之间的博弈研究 [J]. 中国软科学，2013（3）：152 - 157.

[7] 陈红，纳超洪，雨田木子，等. 内部控制与研发补贴绩效研究 [J]. 管理世界，2018，34（12）：149 - 164.

[8] 陈佳贵. 关于企业生命周期与企业蜕变的探讨 [J]. 中国工业经济，1995（11）：5 - 13.

[9] 陈劲，王棍，等. 朴素式创新：正在崛起的创新范式 [J]. 技术经济，2014，33（1）：1 - 6.

[10] 陈劲，王锟，等. 朴素式创新：正在崛起的创新范式 [J]. 技术经济，2014，33（1）：1 - 7.

[11] 陈艳莹，原毅军. 收益的不确定性与绿色技术采纳的后动优势

[J]．管理科学，2005，18（4）：92－97．

　[12] 陈瑜，谢富纪．基于 Lotka-Voterra 模型的光伏产业生态创新系统演化路径的仿生学研究 [J]．研究与发展管理，2012（3）：74－84．

　[13] 储德银，纪凡，杨珊．财政补贴、税收优惠与战略性新兴产业专利产出 [J]．税务研究，2017（4）：99－104．

　[14] 董景荣．技术创新扩散的理论，方法与实践 [M]．北京：北京科学出版社，2008．

　[15] 杜运周，刘秋辰，程建青．什么样的营商环境生态产生城市高创业活跃度？——基于制度组态的分析 [J]．管理世界，2020，36（9）：141－155．

　[16] 付晓蓉，赵冬阳，李永强，等．消费者知识对我国信用卡创新扩散的影响研究 [J]．中国软科学，2011（2）：120－131．

　[17] 高沛然，卢新元．基于区间数的拓展 DEMATEL 方法及其应用研究 [J]．运筹与管理，2014，23（1）：44－50．

　[18] 高齐圣，路兰．农产品质量安全影响因素分析——基于 DEMATEL 和 QFD 方法 [J]．复杂系统与复杂性科学，2013（1）：11．

　[19] 高雨辰，柳卸林，马永浩，等．政府研发补贴对企业研发产出的影响机制研究——基于江苏省的实证分析 [J]．科学学与科学技术管理，2018，39（10）：51－67．

　[20] 韩仁月，马海涛．税收优惠方式与企业研发投入——基于双重差分模型的实证检验 [J]．中央财经大学学报，2019（3）：3－10．

　[21] 贺宝成，冯均科．绿色消费与技术创新演化博弈模型及仿真分析 [J]．科技管理研究，2015，35（5）：209－213．

　[22] 胡知能，邓欢，张弛，等．基于 Norton-Bass 模型的多代创新产品扩散研究 [J]．管理工程学报，2012，26（4）：127－136．

　[23] 黄惠丹，吴松彬．R&D 税收激励效应评估：挤出还是挤入？[J]．中央财经大学学报，2019（4）：16－26，128．

　[24] 江静．公共政策对企业创新支持的绩效——基于直接补贴与税收优惠的比较分析 [J]．科研管理，2011，32（4）：1－8，50．

[25] 蒋伏心，侍金环．环境规制对社会劳动生产率的影响研究［J］．工业技术经济，2020，39（3）：154－160．

[26] 蒋为．环境规制是否影响了中国制造业企业研发创新？——基于微观数据的实证研究［J］．财经研究，2015，41（2）：76－87．

[27] 景曼诗，尹夏楠．政府补贴、研发投入对企业绩效的影响——基于不同行业视角［J］．财会研究，2018（9）：61－65．

[28] 孔栋，左美云，孙凯．"上门"型O2O模式构成要素及其关系：一个探索性研究［J］．管理评论，2016，28（12）：244－257．

[29] 黎文靖，郑曼妮．实质性创新还是策略性创新？——宏观产业政策对微观企业创新的影响［J］．经济研究，2016，51（4）：60－73．

[30] 李维安，李浩波，李慧聪．创新激励还是税盾？——高新技术企业税收优惠研究［J］．科研管理，2016，37（11）：61－70．

[31] 李文博．集群情景下小微企业进化创业行为的驱动机理——话语分析方法的一项探索性研究［J］．科学学研究，2014，32（3）：410－420．

[32] 李子恒，黄剑．从价值观的嬗变看技术创新的生态化转向［J］．科学学研究，2003，21（12）：266－269．

[33] 刘宝．节俭式创新之路——基于商业模式视角的研究［J］．中国科技论坛，2017（4）：62－68．

[34] 刘伟，薛景．环境规制与技术创新：来自中国省际工业行业的经验证据［J］．宏观经济研究，2015（10）：72－80，119．

[35] 刘小元，林嵩．地方政府行为对创业企业技术创新的影响——基于技术创新资源配置与创新产出的双重视角［J］．研究与发展管理，2013，25（5）：12－25．

[36] 龙跃，易树平．两阶段决策下物流任务联盟协同管理优化［J］．计算机集成制造系统，2010，16（4）：801－808．

[37] 吕源，彭长桂．话语分析：开拓管理研究新视野田［J］．管理世界，2012，10：157－171．

[38] 罗红雨．基于企业生命周期的成本战略研究［J］．财会月刊，2009

（17）：75 – 76.

［39］罗兴武，杨俊，项国鹏，等．商业模式创新双重属性如何作用创业企业成长：裸心的案例研究［J］．管理评论，2019，31（7）：133 – 148.

［40］马文聪，叶阳平，李小转，等．政府科技资助对企业研发产出的影响——基于我国大中型工业企业的实证研究［J］．管理评论，2019，31（11）：94 – 107.

［41］孟凡生，韩冰．政府环境规制对企业低碳技术创新行为的影响机制研究［J］．预测，2017，36（1）：74 – 80.

［42］邱成，冯俊文．环境规制对我国开发区运营和创新绩效的影响［J］．社会科学家，2017（4）：84 – 89.

［43］邱玉霞，郭景先．环境规制与技术创新：基于不同类型环境规制的比较分析［J］．企业经济，2017，36（6）：157 – 164.

［44］曲小瑜，官镇东．基于演化博弈的企业朴素式创新决策机制研究［J］．运筹与管理，2023，32（2）：68 – 75.

［45］曲小瑜，秦续天．创新与环保政策组合对朴素式创新的驱动效应研究［J］．华东经济管理，2023，37（3）：49 – 56.

［46］曲小瑜．小微企业朴素式创新行为实现路径：创新开放度的调节效应［J］．企业经济，2021，40（2）：61 – 71.

［47］任梦．创新者、社会网络驱动与创新生命周期——以 Elon Musk 为例［J］．税务与经济，2020（4）：11 – 19.

［48］邵云飞，范群林，唐小我．产业集群创新的竞争扩散模型研究［J］．科学学与科学技术管理，2010，31（12）：43 – 49.

［49］石绍宾，周根根，秦丽华．税收优惠对我国企业研发投入和产出的激励效应［J］．税务研究，2017（3）：43 – 47.

［50］苏敬勤，刘畅．中国情境架构及作用机理——基于中国企业战略变革案例的质化研究［J］．管理评论，2015，27（10）：218 – 229.

［51］孙慧，王慧．政府补贴、研发投入与企业创新绩效——基于创业板高新技术企业的实证研究［J］．科技管理研究，2017，37（12）：111 – 116.

[52] 王国印，王动．环境规制与企业科技创新——低碳视角下波特假说在东部地区的检验性研究 [J]．科技与经济，2010，23（5）：70–74．

[53] 王海芳，李娜，陈芮．组织场域、组织合法性与企业投资进入方式 [J]．软科学，2020，34（3）：56–62．

[54] 王欢芳，李密．政府补贴对新兴企业 R&D 投入的影响研究 [J]．湖南科技大学学报（社会科学版），2018，21（4）：60–68．

[55] 王伟光，侯军利．资源—市场双重约束下的节俭创新行为：机理与案例 [J]．技术经济，2016，35（8）：24–30．

[56] 王玮．基于概念格的关联规则挖掘及变化模式研究 [J]．山东大学，2012．

[57] 王文普，印梅．空间溢出、环境规制与技术创新 [J]．财经论丛，2015（12）：92–99．

[58] 魏延辉，张慧颖．朴素式创新范式及其对经济新常态下中国创新者的启示 [J]．科技进步与对策，2015，32（20）：1–6．

[59] 邢小强，葛沪飞．节俭式创新的动因、特征与策略研究 [J]．科技进步与对策，2015，32（12）：14–18．

[60] 邢小强，周江华，仝允桓．面向新兴市场的节俭式创新研究 [J]．科学学与科学技术管理，2014，35（11）：69–77．

[61] 熊航，静峥，展进涛．不同环境规制政策对中国规模以上工业企业技术创新的影响 [J]．资源科学，2020，42（7）：1348–1360．

[62] 徐建中，付静雯，李奉书．基于演化博弈的制造企业服务创新扩散研究 [J]．运筹与管理，2018，27（7）：177–183．

[63] 徐建中，徐莹莹．基于演化博弈理论的低碳技术创新链式扩散机制研究 [J]．科技管理研究，2015，35（6）：17–25．

[64] 徐莹莹，綦良群，徐晓微．低碳经济背景下企业技术创新模式决策机制研究——基于碳税政策视角 [J]．运筹与管理，2018，27（9）：8–16．

[65] 颜晓畅．政府研发补贴对创新绩效的影响：创新能力视角 [J]．现代财经（天津财经大学学报），2019，39（1）：59–71．

［66］杨国超，刘静，廉鹏，芮萌．减税激励、研发操纵与研发绩效［J］．经济研究，2017，52（8）：110－124.

［67］杨国忠，刘聪敏，柴茂．多元技术创新扩散的系统动力学模型及仿真［J］．经济数学，2012，29（2）：92－98.

［68］杨坤，汪万，胡斌．全生命周期视阈下责任式创新的演化博弈及扩散机制研究［J］．运筹与管理，2021，30（6）：103－110.

［69］杨亭亭，罗连化，许伯桐．政府补贴的技术创新效应："量变"还是"质变"？［J］．中国软科学，2018（10）：52－61.

［70］杨伟娜，刘西林．政府推动下企业新技术采纳博弈分析［J］．管理学报，2011，8（4）：621－627.

［71］殷开达，陈劲．"朴素式创新"范式中蕴含的中国传统朴素哲学思想［J］．学习与探索，2015（4）：119－122.

［72］应瑛，刘洋．后发企业如何进行节约型创新？［J］．科学学研究，2015，33（12）：1867－1882.

［73］游达明，宋姿庆．政府规制对产学研生态技术合作创新及扩散的影响研究［J］．软科学，2018，32（1）：1－6，10.

［74］张诚，林晓．技术创新扩散中的动态竞争：基于百度和谷歌（中国）的实证研究［J］．中国软科学，2009（12）：122－132.

［75］张春英，张东春，刘保相．FAHP中基于概念格的加权群体决策［J］．数学的实践与认识，2006，36（4）：158－163.

［76］张东敏，杨佳，刘座铭．异质性环境政策对企业技术创新能力影响实证分析——基于双向固定效应模型［J］．商业研究，2021（4）：68－74.

［77］张红，葛宝山．创业学习、机会识别与商业模式——基于珠海众能的纵向案例研究［J］．科学学与科学技术管理，2016，37（6）：123－136.

［78］张军，阮鸿鹏，许庆瑞．节俭式创新：面向新兴市场的创新新范式［J］．科学学与科学技术管理，2017，38（3）：30－43.

［79］张莉芳．政府补贴、国际化战略和企业创新能力——基于中国战略性新兴产业的经验研究［J］．商业研究，2018（6）：151－160.

[80] 张林刚，陈忠.基于 Lotka-Volterra 模型的创新扩散模式研究 [J].科学学与科学技术管理，2009 (6)：73 – 76.

[81] 张同斌，高铁梅.财税政策激励、高新技术产业发展与产业结构调整 [J].经济研究，2012，47 (5)：58 – 70.

[82] 张伟，郭立宏，张武康.企业经营创新、动态能力与竞争优势关系研究 [J].科技进步与对策，2018，35 (17)：91 – 99.

[83] 张兴国，许百华.人——组织匹配研究的新进展 [J].心理科学，2005，28 (4)：1004 – 1006.

[84] 张永安，耿喆，王燕妮.区域科技创新政策分类与政策工具挖掘——基于中关村数据的研究 [J].科技进步与对策，2015，32 (17)：116 – 122.

[85] 张永安，严嘉欣，胡佩.政府补贴对企业创新绩效的双重作用机制研究——以生物医药上市企业为例 [J].科技管理研究，2020，40 (1)：32 – 39.

[86] 郑继兴，刘静.社会网络视角下技术创新扩散系统构建研究 [J].科技进步与对策，2016，33 (11)：25 – 28.

[87] 郑婷婷，王虹，干胜道.税收优惠与创新质量提升——基于数量增长与结构优化的视角 [J].现代财经（天津财经大学学报），2020，40 (1)：29 – 40.

[88] 郑绪涛，柳剑平.R&D 活动的溢出效应、吸收能力与补贴政策 [J].中国软科学，2011 (11)：52 – 63.

[89] 周江华，李纪珍，刘子谞，等.政府创新政策对企业创新绩效的影响机制 [J].技术经济，2017，36 (1)：57 – 65.

[90] 周云蕾，李光龙，李胜胜.减税降费对企业创新的影响分析——基于"营改增"政策的经验证据 [J].数量经济研究，2021，12 (3)：150 – 170.

[91] Agarwal N, Oehler J, Brem A. Constraint based thinking: A structured approach for developing frugal innovations [R]. IEEE Transactions on Engineering Management, 2021, 68 (3)：739 – 751.

[92] Albert M. Sustainable frugal innovation-The connection between frugal innovation and sustainability [J]. Journal of Cleaner Production, 2019, 237：117747.

［93］ Alkemade F, Castaldi C. Strategies for the diffusion of innovations on social networks ［J］. Computational Economics, 2005, 25 (1 – 2): 3 – 23.

［94］ Ardichvili A, Cardozo R, Ray S. A Theory of Entrepreneurial Opportunity Identification and Development ［J］. Journal of Business Venturing, 2003, 18 (1): 105 – 123.

［95］ Ashfaq F, Ilyas S, Shahid A. From frugal to reverse innovation: Is the great leap possible? An analysis of diffusion patterns of frugal innovations ［J］. GMJACS, 2018, 8 (1): 11.

［96］ Bagur-Femenias L, Llach J, Alonso-Almeida M D M. Is the Adoption of Environmental Practices a Strategical Decision for Small Service Companies? An Empirical Approach ［J］. Management Decision, 2013, 51 (1): 41 – 62.

［97］ Baker T, Nelson R E. Creating something from nothing: Resource construction through entrepreneurial bricolage ［J］. Administrative Science Quarterly, 2005, 50 (3): 329 – 366.

［98］ Bardia K. Innovation diffusion uncertainly, advertising and pricing policies ［J］. European Journal of Operational Research, 2005 (3): 829 – 850.

［99］ Barnikol J, Liefner I. The prospects of advanced frugal innovations in different economies ［J］. Technology in Society, 2022, 71: 102081.

［100］ Bass F M. A new product growth model for consumer durable ［J］. Management Science, 1969, 15 (5): 215 – 227.

［101］ Basu R R, Banerjee P M, Sweeny E G. Frugal Innovation: Core Competencies to Address Global Sustainability ［J］. Journal of Management for Global Sustainability, 2013, 1 (2): 63 – 82.

［102］ Bencsik A, Renáta M, Tóth Z. Cheap and Clever-Symbiosis of Frugal Innovation and Knowledge Management ［J］. Problems & Perspectives in Management, 2017, 14 (1): 85 – 93.

［103］ Benjamin M, Marcos H, Nadine M. The Impact of the French Policy Mix on Business R&D: How Geography Matters ［J］. Research Policy, 2018, 47

(10): 2010 - 2027.

[104] Bhaduri S, Sinha K M, Knorringa P. Frugality and Cross-sectoral Policymaking for Food Security [J]. NJAS-Wageningen Journal of Life Sciences, 2018, 84 (1): 72 - 79.

[105] Bhatti Y A, Ventresca M. How Can "Frugal Innovation" Be Conceptualized? [R]. London: Imperial College London, 2013.

[106] Bhatti Y A, Ventresc A M. The Emerging Market for Frugal Innovation: Fad, Fashion, or Fit? [J/OL]. [2012 - 01 - 15]. http: //dx. doi. org/10. 2139/ ssrn. 2005983.

[107] Bhatti Y A, Ventresca M. The Emerging Market for Frugal Innovation: Fad, Fashion, or Fit? [R]. London: Imperial College London, 2012.

[108] Bhatti Y, Taylor A, Harris M, et al. Global lessons in Frugal innovation to improve health care delivery in the United States [J]. Health Affairs, 2017, 36 (11): 1912 - 1919.

[109] Bhatti Y, Ventresca M. How can Frugal Innovation be Conceptualized [J]. Working Paper Scrics, 2013 (1): 19.

[110] Bhatti Y. What is Frugal, What is Innovation? Towards a Theory of Frugal Innovation [R]. London: Imperial College London, 2012.

[111] Bird B. Implementing Entrepreneurial Ideas: The Case for Intention [J]. The Academy of Management Review, 1988, 13 (3): 442 - 453.

[112] Bjorn A, Mitze T, Reinkowski J, et al. Does firm size make a difference? Analysing the effectiveness of R&D subsidies in east Germany [J]. German Economic Review, 2012, 13 (2): 174 - 195.

[113] Boon-kwee N, Zeeda F M, Vgr C, et al. Public Policy Interventions for Grassroots Innovations: Are We Getting it Right? [J]. Asian Journal of Technology Innovation, 2019, 27 (3): 338 - 358.

[114] Bound K, Thornton I, et al. Our Frugal Future: Lessons from India's Innovation System [R]. London: NESTA, 2012.

［115］ Bound K, Thornton I. Our Frugal Future: Lessons from India's Innovation System ［R］. 2012.

［116］ Brautzsch H-U, Günther J, Loose B, et al. Can R&D subsidies counteract the economic crisis? —Macroeconomic effects in Germany ［J］. Research Policy, 2015, 44 (3): 623 – 633.

［117］ Brem A, Ivens B S. Do Frugal and Reverse Innovation Foster Sustainability? Introduction of a Conceptual Framework ［J］. Journal of Technology Management for Growing Economics, 2013, 4 (2): 31 – 50.

［118］ Bronzini R, Pisellii P. The impact of R&D subsidies on firm innovation ［J］. Research Policy, 2016, 45 (2): 442 – 457.

［119］ Bruhn M, Mckenzie D. Can grants to consortia spur innovation and science industry collaboration? Regression-discontinuity evidence from Poland ［D］. Social Science Electronic Publishing, 2017.

［120］ Brunnermeier S B, Cohen M A. Determinants of environmental innovation in US manufacturing industries ［J］. Journal of Environmental Economics & Management, 2003, 45 (2): 278 – 293.

［121］ Buchmann T, Kaiser M. The effects of R&D subsidies and network embeddedness on R&D output: Evidence from the German biotech industry ［J］. Industry and Innovation, 2018 (15): 1 – 26.

［122］ Busch H C. Frugal innovation in energy transitions: Insights from solar energy cases in Brazil ［J］. Cambridge Journal of Regions, Economy and Society, 2021, 14 (2): 321 – 340.

［123］ Cadil J, Karel M, Ludmila P, et al. Impact of R&D subsidies on enterprise performance in the czech republic ［J］. Society and Economy, 2016, 38 (3): 387 – 398.

［124］ Catozzella A, Vivarelli M. Beyond additionally: Are innovation subsidies counterproductive? ［D］. Social Science Electronic Publishing, 2011.

［125］ Cecere G, Corrocher N. Stringency of regulation and innovation in waste management: An empirical analysis on EU countries [J]. Industry and Innovation, 2016, 23 (7): 625 – 646.

[126] Colledani M, Silipo L, Yemane A. Technology-based Product-services for Supporting Frugal Innovation [J]. Procedia CIRP, 2016, 47: 126 – 131.

[127] Corsini L, Dammicco V, Moultrie J. Frugal innovation in a crisis: the digital fabrication maker response to COVID-19 [J]. R&D Management, 2021, 51 (2): 195 – 210.

[128] Crespi G, Giuliodori D, Giuliodori R, et al. The effectiveness of tax incentives for R&D in developing countries: The case of Argentina [J]. Research Policy, 2016, 45 (10): 2023 – 2035.

[129] Cuevas-vargas H, Parga-montoya N, Fernández-escobedo R. The adoption of ICT as an enabler of frugal innovation to achieve customer satisfaction. The mediating effect of frugal innovation [J]. Procedia Computer Science, 2022, 199: 198 – 206.

[130] Czarnitzki D, Hanel P, Rosa J M. Evaluating the impact of R&D tax credits on innovation: A microeconometric study on Canadian firms [J]. ZEW Discussion Papers, 2011, 40 (2): 0 – 229.

[131] Dacin M T, Oliver C, Roy J P. The Legitimacy of Strategic Alliances: Institutional Perspective [J]. Strategic Management Journal, 2007, 28 (2): 169 – 187.

[132] Dechezleprêtre A, Einir E, Martin R, et al. Do tax incentives for research increase firm innovation? An Rd design for R&D [D]. Working Papers, 2016.

[133] De Marchi V, Pineda-escobar M A, Howell R, et al. Frugal innovation and sustainability outcomes: Findings from a systematic literature review [J]. European Journal of Innovation Management, 2022, 25 (6): 984 – 1007.

[134] Farooq R. A Conceptual Model of Frugal Innovation: Is Environmental Munificence a Missing Link? [J]. International Journal of Innovation Science, 2017, 9 (9).

[135] Feldman M P, Kelley M R. The ex-ante assessment of knowledge spillo-

vers: Government R&D policy, economic incentives and private firm behavior [J]. Research Policy, 2006, 17 (5): 71 – 86.

[136] Feng C, Shi B, Kang R. Does environmental policy reduce enterprisei-nnovation? —Evidence from China [J]. Sustainability, 2017, 9 (6): 872.

[137] First Break all the Rules: the Charms of Frugal Innovation [J/OL]. [2010 – 04 – 15]. http: //www. economist. com.

[138] Fudenberg D, Tirole J. Preemption and rent equalization in the adoption of new technology [J]. Review of Economic Studies, 1985, 52 (3): 383 – 401.

[139] Gandenberger C, Kroll H, Walz R. The role of frugal innovation in the global diffusion of green technologies [J]. International Journal of Technology Management, 2020, 83 (1 – 3): 97 – 113.

[140] George G, Mcgahan A M, Prabhu J. Innovation for Inclusive Growth: Towards a Theoretical Framework and A Research Agenda [J]. Journal of Management Studies, 2012, 49 (4): 661 – 683.

[141] Govindarajan V, Ramamurti R. Reverse Innovation, Emerging Markets, and Gobal Strategy [J]. Global Strategy Journal, 2011, 1 (3/4): 191 – 205.

[142] Govindarajan V, Trimble C. Reverse Innovation: Create Far from Home, Win Everywhere [M]. Boston: Harvard Business Press, 2012.

[143] Guo D, Guo Y, Jiang K. Governance and effects of public R&D subsidies: Evidence from China [J]. Tec Novation, 2018, 74 – 75: 18 – 31.

[144] Guo H, Su Z, Ahlstrom D. Business Model Innovation: The Effects of Exploratory Orientation, Opportunity Recognition, and Entrepreneurial Bricolage in an Emerging Economy [J]. Asia Pacific Journal of Management, 2016, 33 (2): 533 – 549.

[145] Hamacher S. Exploring the Frugal Innovation Process [D]. Copenhagen: Copenhagen Business School, 2014.

[146] Harris Z S. Discourse Analysis [J]. Language, 1952, 28 (1): 1 – 30.

[147] Herstatt C. Market research for radical innovation [M]. London: Pal-

grave Macmillan, 2004.

[148] Hossaina M, Simula H, Halme M. Can Frugal Go Global? Diffusion Patterns of Frugal Innovations [J]. Technology in Society, 2016, 46 (8): 132 – 139.

[149] Hossain M. Adopting Open Innovation to Stimulate Frugal Innovation and Reverse Innovation [J/OL]. [2013 – 01 – 08]. https: //ssrn. com/ab-stract = 2197782.

[150] Hossain M. Frugal innovation and sustainable business models [J]. Technology in Society, 2021 (64): 101508.

[151] Hossain M. Frugal innovation: A review and research agenda [J]. Journal of Cleaner Production, 2018 (182): 926 – 936.

[152] Jaffe A B, Peterson S R, Stavins P R N. Environmental regulation and the competitiveness of U. S. Manufacturing: What does the evidence tell us? [J]. Journal of Economic Literature, 1995, 33 (1): 132 – 163.

[153] Kahle H N, Dubiel A, Ernst H. The Democratizing Effects of Frugal Innovation Implications for Inclusive Growth and State-building [J]. Journal of Indian Business Research, 2013, 5 (4): 220 – 234.

[154] Kalogerakis K, Luethje C, Herstatt C. Developing innovations based on analogies: Experience from design and engineering consultants [J]. Journal of Product Innovation Management, 2010, 27 (3): 418 – 436.

[155] Karoline S R, Kristin R. Policy Mixes for Sustainability Transitions: An Extended Concept and Framework for Analysis [J]. Research Policy, 2016, 45 (8): 1620 – 1635.

[156] Kasahara H, Shimotsu K, Suzuki M. Does an R&D tax credit affect R&D expenditure? The Japanese R&D tax credit reform in 2003 [J]. Journal of the Japanese and International Economies, 2014, 31 (C): 72 – 97.

[157] Khan J. Supply Chain: Frugal Engineering Heads Push into Manufacturing [N]. The Financial Times, 2012 – 06 – 21.

[158] Khan R, Melkas H. The social dimension of frugal innovation [J]. International Journal of Technology Management, 2020, 83 (1/2/3): 160 – 179.

[159] Khojastehpour M, Johns R. The effect of environmental CSR issues on corporate/brand reputation and corporate profitability [J]. European Business Review, 2014, 26 (4): 330 – 339.

[160] Kim J, Lee D J, Ahn J. A dynamic competition analysis on the Korean mobile phone market using competitive diffusion model [J]. Computers and Industrial Engineering, 2006, 51 (1): 174 – 182.

[161] Kneller R, Manderson E. Environmental regulations and innovation activity in UK manufacturing industries [J]. Resource & Energy Economics, 2012, 34 (2): 211 – 235.

[162] Kobayashi Y. Effect of R&D tax credits for SMEs in Japan: A microeconometric analysis focused on liquidity constraints [J]. Small Business Economics, 2014, 42 (2): 311 – 327.

[163] Krishnan R T, Soni P. Frugal Innovation: Aligning Theory, Practice, and Public Policy [J]. Journal of Indian Business Research, 2011, 6 (1): 29 – 47.

[164] Kuandykov L, Sokolov M. Impact of Social Neighborhood on Diffusion of Innovation Scurve [J]. Decision Support Systems, 2010, 48 (4): 531 – 535.

[165] Lange A, Hüsig S, Albert M. How frugal innovation and inclusive business are linked to tackle low income markets [J]. Journal of Small Business Management, 2021 (3): 1 – 34.

[166] Lanoie P, Patry M, Lajeunesse R. Environmental regulation and productivity: Testing the porter hypothesis [J]. Journal of Productivity Analysis, 2008, 30 (2): 121 – 128.

[167] Leliveld A, Knorringa P. Frugal Innovation and Development Research [J]. European Journal of Development Research, 2018, 30 (1): 1 – 16.

[168] Levänen J, Hossain M, Wierenga M. Frugal innovation in the midst of societal and operational pressures [J]. Journal of Cleaner Production, 2022, 347:

131308.

[169] Levy D M, Terleckyj N E. Effects of government R&D on private R&D investment and productivity: A macroeconomic analysis [J]. Bell Journal of Economics, 1983, 14 (2): 551–561.

[170] Li H, Atuahene-Gima K. Product Innovation Strategy and the Performance of New Technology Ventures in China [J]. Academy of Management Journal, 2001, 44 (6): 1123–1134.

[171] Lokshin B, Mohnen P. How effective are level-based R&D tax credits? Evidence fromthe Netherlands [J]. Applied Economics, 2012, 44 (12): 1527–1538.

[172] London T, Hart S L. Reinventing strategies for emerging markets: Beyond the transnational model [J]. Journal of International Business Studies, 2004, 35(5):350–360.

[173] Lu C, Chang F F, Rong K, et al. Deprecated in Policy, Abundant in Market? The Frugal Innovation of Chinese Low-speed EV Industry [J]. International Journal of Production Economics, 2020, 225 (1): 1–14.

[174] Martins L L, Rindova V P, Greenbaum B E. Unlocking the Hidden Value of Concepts: A cognitive approach to business model innovation [J]. Strategic Entrepreneurship Journal, 2015, 9 (1): 99–117.

[175] Molina-Maturano J, Bucher J, Speelman S. Understanding and evaluating the sustainability of frugal water innovations in México: An exploratory case study [J]. Journal of Cleaner Production, 2020 (274): 122692.

[176] Nijhof A, Fisscher O, Looise J K. Inclusive Innovation: A research project on the inclusion of social responsibility [J]. Corporate Social Responsibility and Environmental Management, 2002, 9 (2): 83–90.

[177] Noailly J. Improving the energy efficiency of buildings: The impact of environmental policy on technological innovation [J]. Energy Economics, 2012, 34 (3): 795–806.

[178] Oly M. Principles of Frugal Innovation and Its Application by Social Entrepreneurs in Times of Adversity: An inductive single-case approach [J]. Journal of Entrepreneurship in Emerging Economies, 2021, 13 (4): 547 –574.

[179] Ouden E D. Innovation Design: Creating Value for People, Organizations and Society [M]. London: Springer Ebooks, 2012.

[180] Pansera M, Sarkar S. Crafting Sustainable Development Solutions: Frugal innovations of grassroots entrepreneurs [J]. Sustainability, 2016, 8 (1): 51.

[181] Peng M W. Towards an Institution-based View of Business Strategy [J]. Asia Pacific Journal of Management, 2002, 19 (2): 251 –267.

[182] Porter M E. America's green strategy [J]. Scientific American, 1991, 264 (4): 1 –5.

[183] Porter M E, Linde C V D. Toward a new conception of the environment-competitiveness relationship [J]. Journal of Economic Perspectives, 1995, 9 (4): 97 –118.

[184] Prahalad C K, Maschelkar R A. Innovation's Holy Grail [J]. Harvard Business Review, 2010, 88 (7/8): 132 –141.

[185] Prahalad C K. The fortune at the bottom of the pyramid: Eradicating poverty through profits [M]. New Jersey: Wharton School Publishing, 2005.

[186] Radjou N, Prabhu J, Ahuja S. Frugal innovation: Lessons from Carlos Ghosn, CEO, Renault-Nissan [J]. Harvard Business Review, 2012, 7 (2): 1 –4.

[187] Radjou N, Prabhu J, Ahuja S. Jugaad Innovation: Think Frugal, be Flexible, Generate Breakthrough Growth [J]. South Asian Journal of Global Business Research, 2013, 38 (7): 689 –691.

[188] Radjou N, Prabhu J. Frugal Innovation: A New Business Paradigm [J]. Insead Knowledge, 2013 (1): 10.

[189] Radjou N, Prabhu J. Frugal Innovation: How to Do More with Less [M]. London: The Economist, 2015.

[190] Radjou N, Prabhu J. Frugal Innovation New Business Paradigm [J].

Knowledge. Inscad. Edu, 2013 (75): 1 – 3.

[191] Rao B C. How disruptive is frugal? [J]. Technology in Society, 2013, 35 (1): 65 – 73.

[192] Rarndani M. Frugal Innovation in Emerging Countries for Sustainable Growth [J]. Business Digest, 2012 (6): 5.

[193] Ray P K, Ray S. Resource-constrained Innovation for Emerging Econo-mies: the Case of the Indian Telecommunications Industry [J]. Engineering Man-agement, IFFF, Transactions on, 2010, 57 (1): 144 – 156.

[194] Reinganum J F. On the diffusion of new technology: A game theoretic approach [J]. The Review of Ecnomic Studies, 1981, 148 (3): 395 – 401.

[195] Rosca E, Reedy J, Bendul J C. Does Frugal Innovation Enable Sustain-able Development? A Systematic Literature Review [J]. European Journal of Devel-opment Research, 2018, 30 (1): 1 – 22.

[196] Sarkar S. Grassroots entrepreneurs and social change at the bottom of the pyramid: The role of bricolage [M]. Social Entrepreneurship and Bricolage. Rout-ledge, 2020: 160 – 188.

[197] Sarkar S, Mateus S. Doing more with less-How frugal innovations can contribute to improving healthcare systems [J]. Social Science & Medicine, 2022: 115127.

[198] Sehgal V, Dehoff K, Panneer G. The Importance of Frugal Engineering [J]. Strategy Business, 2010 (59): 1 – 5.

[199] Sharma A, Iyer G R. Resource-constrained Product Development: implications for green marketing and green supply chains [J]. Industrial Marketing Management, 2012, 41 (4): 599 – 608.

[200] Sheth J N. Impact of emerging markets on marketing: Rethinking existing perspectives and practices [J]. Journal of Marketing, 2011, 75 (4): 166 – 182.

[201] Shu C, Zhou K Z, Xiao Y, et al. How Green Management Influences Product Innovation in China: The Role of Institutional Benefits [J]. Journal of Bus-

iness Ethics, 2014, 133 (3): 471 –485.

[202] Simula H, Hossain M, Halme M. Frugal and Reverse Innovations-Quo-Vadis? [J]. Current Science, 2015, 109 (5): 1 –6.

[203] Singh R K, Yabar H, Nozaki N, et al. Comparative study of linkage between environmental policy instruments and technological innovation: Case study on end-of-life vehicles technologies in Japan and EU [J]. Waste Management, 2017, 66: 114 –122.

[204] Soni P. The Nature of Frugal Innovations: A Conceptual Framework [C]. Goa: Pan-IIM World Management Conference, 2013.

[205] Stephan U, Uhlaner L M, Stride C. Institutions and Social Entrepreneurship: The Role of Institutional Voids, Institutional Support, and Institutional Configurations [J]. Journal of International Business Studies, 2015, 46 (3): 308 –331.

[206] Teece D J. Business Models, Business Strategy and Innovation [J]. Long Range Plann, 2010, 43 (2 –3): 172 –194.

[207] Teece D J. Explicating Dynamic Capabilities: The Nature and Microfoundations of (sustainable) Enterprise Performance [J]. Strategic Management Journal, 2007, 28 (13): 1319 –1350.

[208] Tian Z L, Hafsi T, Wu W. Institutional Determinism and Political Strategies: An Empirical Investigation [J]. Business & Society, 2009, 48 (3): 284 –325.

[209] Tiwari R, Herstatt C. Assessing India's Lead Market Potential for Cost-effective Innovations [J]. Journal of Indian Business Research, 2012a, 4 (2): 97 –115.

[210] Tiwari R, Herstatt C. Frugal innovation: A global networks' perspective [J]. Unternehmung: Swiss Journal of Business Research and Practice, 2012, 66 (3): 245 –274.

[211] Tiwari R, Herstatt C. Frugal Innovation for the Unserved Customer: An

Assessment of India's Attractiveness as A Lead Market for Cost-effective Products [J]. Journal of Indian Business Research, 2012b, 4 (2): 97－115.

[212] Tiwari R, Herstatt C. India-a lead Market for Frugal Innovations? Extending the Lead Market Theory to Emerging Economies [Z]. TIM/TUHH Working Paper, 2012.

[213] Tiwari R, Herstatt C. Open Global Innovation Networks as Enablers of Frugal Innovation: Propositions Based on Evidence from India [R]. Hamburg: Hamburg University of Technology, 2012.

[214] Tiwari R, Herstatt C. "Too good" to succeed? Why not just try "good enough"! Some deliberations on the prospects of frugal innovations [R]. Working Paper, 2013.

[215] Vera D, Crossan M, Rerup C, et al. "Thinking before Acting" or "Acting before Thinking": Antecedents of Individual Action Propensity in Work Situations [J]. Journal of Management Studies, 2014, 51 (4): 603－633.

[216] Von N. The Theory of Games and Fconomic Behaviour [J]. Nature, 1944, 246: 15－18.

[217] Wagner M. On the relationship between environmental management, environmental innovation and patenting: Evidence from German manufacturing firms [J]. Research Policy, 2007, 36 (10): 1587－1602.

[218] Weyrauch T, Herstatt C. What is Frugal Innovation? Three Defining Criteria [J]. Journal of Frugal Innovation, 2017, 2 (1).

[219] Winterhalter S, Zeschky M B, Neumann L, Gassmann O. Business Models for Frugal Innovation in Emerging Markets: The Case of the Medical Device and Laboratory Equipment Industry [J]. Technovation, 2017, 66－67 (8): 3－13.

[220] Winterhalter S, Zeschky M, Gassmann O, et al. Business Models for Frugal Innovation: The Role of Re-source-constraints [C]. Stuttgart: The R&D Management Conference, 2014.

[221] Xu K, Huang K F, Xu E. Giving Fish or Teaching to Fish? An Empiri-

cal Study of the Effects of Government Research and Development Policies [J].
R&D Management, 2014, 44 (5): 484 –497.

[222] Yang C H, Tseng Y H, Chen C P. Environmental regulations, induced
R&D, and productivity: Evidence from Taiwan's manufacturing industries [J].
Resource & Energy Economics, 2012, 34 (4): 514 –532.

[223] Yang Y, Zhang F, Jiang X, et al. Strategic Flexibility, Green Man-
agement, and Firm Competitiveness in an Emerging Economy [J]. Technological
Forecasting & Social Change, 2015, 101 (1): 347 –356.

[224] Yli-Renko H, Autio E, Sapienza H J. Social Capital, Knowledge
Acquisition, and Knowledge Exploitation in Young Technology-based Firms [J].
Strategic Management Journal, 2001, 22 (6): 587 –613.

[225] Zawalińska K, Tran N, Płoszaj A. R&D in a post centrally-planned
economy: The macroeconomic effects in Poland [J]. Journal of Policy Modeling,
2018, 40 (1): 37 –59.

[226] Zeschky M, Widenmayer B, Gassmann O. Frugal Innovation in Emer-
ging Markets [J]. Research-Technology Management, 2011, 54 (4): 38 –45.

[227] Zhang X. Frugal innovation and the digital divide: Developing an
extended model of the diffusion of innovations [J]. International Journal of Innovation
Studies, 2018, 2 (2): 53 –64.

[228] Zhou J, George J M. When Job Dissatisfaction Leads to Creativity:
Encouraging the Expression of Voice [J]. Academy of Management Journal, 2001,
44 (4): 682 –696.